FAMÍLIA
SOMOS TODOS ESPÍRITOS

Família - Somos todos espíritos

Copyright by © Petit Editora e Distribuidora Ltda., 2016

Coordenação editorial: **Ronaldo A. Sperdutti**
Capa: **Daiany Blanco**
Imagem da capa: **Freepik | pixabay**
Projeto gráfico e editoração: **Rui Cardoso Joazeiro**
Preparação: **Maiara Gouveia**
Revisão: **Danielle Sales**
Impressão: **Vox Gráfica**

**Ficha catalográfica elaborada por
Lucilene Bernardes Longo – CRB-8/2082**

Quesada, Manolo
Família, somos todos espíritos / Manolo Quesada. – São
Paulo : Petit, 2016.
160 p.

ISBN 978-85-7253-305-8

1. Espiritismo   2. Família   3. Evolução espiritual   4. Amor
I. Título.

CDD: 133.9

Direitos autorais reservados.
É proibida a reprodução total ou parcial, de qualquer forma
ou por qualquer meio, salvo com autorização da Editora.
(Lei nº 9.610, de 19 de fevereiro de 1998)
Traduções somente com autorização por escrito da Editora.
Impresso no Brasil, no outono de 2019.
6-05-19-1.000-14.800

Prezado(a) leitor(a),
Caso encontre neste livro alguma parte que acredita que vai interessar
ou mesmo ajudar outras pessoas e decida distribuí-la por meio da
internet ou outro meio, nunca deixe de mencionar a fonte, pois
assim estará preservando os direitos do autor e, consequentemente,
contribuindo para uma ótima divulgação do livro.

MANOLO QUESADA

FAMÍLIA
SOMOS TODOS ESPÍRITOS

Rua dos Ingleses, 150 – Morro dos Ingleses
CEP 01329-000 – São Paulo – SP
Fone: (0xx11) 2684-6000
www.petit.com.br | petit@petit.com.br

Dedico este livro a todos os que me ajudaram, direta ou indiretamente.

Agradecimentos

Agradeço a todos. Agradecer, em nossa vida, é o que fazemos de melhor. Agradeço sem citar nomes, agradeço guardando no coração as lembranças boas, ou não tão boas, que me acompanham durante esta encarnação.

Tenho certeza de que, se as coisas não tivessem acontecido como aconteceram, eu não seria exatamente da maneira como sou hoje.

Espírito que se descobriu imortal e, justamente por isso, não cansa de agradecer todas as oportunidades que lhe são apresentadas para sua melhora.

Tenho certeza de que o caminho é longo, de que passarei ainda muitas vezes neste planeta azul, e espero que a cada passagem consiga chegar melhor e sair melhor.

À família que me acolheu nesta encarnação e à família que consentiu que eu fizesse parte dos caminhos que eles trilhariam, deixo o mais profundo agradecimento, esperando que nos reencontremos sempre e possamos nos amar em qualquer circunstância.

Olá, amigos e amigas.

Fico feliz em oferecer estas páginas singelas, resultado do trabalho simples de expositor do evangelho em casas espíritas.

De tanto falar em família, acabamos optando por escrever um resumo do que temos visto por aí.

São páginas de fácil entendimento, compreensíveis por todos os que tiverem oportunidade de ler.

Espero que o conteúdo possa servir de alguma forma, em algum momento, pois, como sabemos, família é tudo igual... Só muda de endereço.

Divirtam-se.

Manolo Quesada

Sumário

Introdução

Se alguém não cuida de seus parentes, especialmente dos de sua própria família, negou a fé...

1 Timóteo 5:8

Família é, realmente, o cadinho da alma.

Cadinho, todos nós sabemos, é um utensílio da mineração no qual são colocados fragmentos de metal nobre para que, pelo trabalho do fogo, ele possa se depurar. Aquecido a temperaturas muito altas, transforma-se em matéria pastosa, e as suas impurezas são, assim, mais facilmente retiradas, transformando aquele metal, embrutecido pela sujeira, em algo precioso, livre de impurezas.

Também nós somos assim, metais embrutecidos pela poeira de nossos sentimentos menos eficientes, e é pela graça de Deus que somos colocados no seio de uma família, para que, nos reencontros, possamos resolver algumas diferenças e consolidar tantos sentimentos maravilhosos exercitados de reencarnação em reencarnação.

Ali está o potencial de todo o nosso trabalho, ali está o fogo que nos aquece ao reconhecermos, nas opiniões contrárias à nossa, o benefício oferecido para que exercitemos a paciência, a perseverança, e para que possamos compreender com o auxílio de Deus aquela figura difícil que muitas vezes nos afronta.

Essas figuras difíceis que em todos os lares aparecem são, na maioria das vezes, responsáveis por grandes avanços evolutivos. Esses parentes que, muitas vezes, não gostamos de ver junto de nós são responsáveis por contribuir para nosso avanço e mudança em relação à própria humanidade.

Na família praticamos o amor, o mesmo amor que Jesus veio nos oferecer quando esteve aqui conosco. É na família que potencializamos nossas possibilidades de crescimento evolutivo.

Claro está que os grandes responsáveis pela nossa evolução somos nós, realmente. Essa é nossa maior tarefa, sem discussão. Mas também é interessante observar que, quando caminhamos sozinhos, podemos nos perder nos descaminhos da vaidade, do egoísmo, do orgulho. Quando caminhamos com pessoas com quem temos afinidade ou questões a resolver, muitas vezes somos obrigados a sufocar dentro de nós a nossa palavra, transformando egoísmo em condescendência e fraternidade; transformando orgulho em fonte de elevação para quem nos está afrontando; transformando, enfim, o amor que temos dentro de nós em benefício não só de nós mesmos, mas de todos aqueles próximos de nossa família.

Abençoemos, pois, a família, essa instituição que antes de ser humana é divina. Divina porque nos oferece as oportunidades de reparação no caminho reencarnatório. Divina porque nos oferece a oportunidade do esclarecimento, muitas vezes vindo por parte de quem não esperamos. Divina porque nos oferece a oportunidade de compartilhar o que já sabemos e receber nessa partilha o que nossos companheiros de viagem sabem.

Abençoemos a família, esse cadinho do espírito, e aproveitemos esta oportunidade reencarnatória para nos transformar em pessoas um pouquinho melhores.

Mensagem psicofônica recebida em 28 de novembro de 2012.

Família

Significado de família. s.f. 1. O pai, a mãe e os filhos: família numerosa. 2. Todas as pessoas do mesmo sangue, como filhos, irmãos, sobrinhos etc. 3. Grupo de seres ou coisas que apresentam características comuns: família espiritual.

A família é, principalmente, a célula da sociedade. Cada vez que reclamamos de situações vividas, temos de, obrigatoriamente, olhar nossa família e ver a quantas anda, pois a sociedade se comporta de maneira muito similar a ela.

De acordo com Emmanuel, no livro *Vida e Sexo*, psicografado por Chico Xavier, família é a mais importante agremiação na face da Terra. Sua importância se deve ao fato de que é na família que somos educados para viver em sociedade e é na família que nos regeneramos, ou seja, nos transformamos em novos seres por meio das experiências que lá temos.

Nesse ponto precisamos tomar alguns cuidados, pois muitos de nós transferimos responsabilidades que são nossas a terceiros, particularmente quanto à educação de nossos filhos.

Por causa de nossa vida agitada pela falta de tempo, especialmente de quem vive em grandes centros urbanos, acabamos transferindo para a escola uma obrigação que é nossa.

A escola tem como um dos seus princípios a educação dos alunos, sim, mas a grande responsabilidade é dos pais. A escola estende a convivência das crianças e jovens em um círculo maior que o familiar para que entendamos que estamos todos juntos com um propósito: o de ampliar o núcleo familiar para além dos limites das paredes que delimitam nossa casa a fim de transformarmos a família nuclear na família universal proposta por Jesus quando nos perguntou: "quem é a minha mãe, quem são meus irmãos?". A resposta ele mesmo a deu: "aquele que faz a vontade do Pai que está no céu, esse sim é minha mãe, meu irmão".

Além dessa tarefa de relacionamento interpessoal, a escola tem como primordial interesse a transferência de conhecimento e a utilização desse conhecimento na vida diária, colocando em prática tudo o que aprendemos.

A tarefa da educação na família é compreensível, mas onde entra a regeneração de que Emmanuel nos fala?

Não podemos esquecer que somos espíritos, os seres inteligentes da criação. Tivemos várias encarnações antes desta e, portanto, temos histórias diferentes.

Nossas histórias são diferentes porque temos o livre-arbítrio, fazemos escolhas, e essas escolhas variam de espírito para espírito.

Nem sempre elas nos levam aos melhores caminhos. Já magoamos e ferimos várias pessoas, e essas mágoas e ferimentos serão sanados, deveremos nos harmonizar com nossos desafetos, pois esta é a lei: ame seu inimigo, como nos disse Jesus.

A grande questão é como saber quem são os desafetos. O principal é entender que não temos somente desafetos, ou não aguentaríamos uma única reencarnação. Basta imaginarmos como seria conviver com pessoas que nutrem apenas sentimentos negativos por nós. Deus não nos desampara jamais. Por isso, a família é composta por alguns desafetos, sim, mas a maioria dos componentes são pessoas que já viveram juntas em outras ocasiões e, de encarnação em encarnação, vão estreitando laços.

Nessa história de afetos e desafetos, contamos com uma ferramenta genial: o esquecimento. Segundo especialistas, nosso cérebro é preparado para esquecer. Por causa de algo muito simples: não precisamos lembrar tudo o que sabemos, tudo o que passamos, tudo o que vivemos. Temos lembranças para as coisas mais imediatas, as do dia a dia, e isso nos basta. Entretanto, temos também um arquivo de memórias, no qual encontramos tudo para ser possível reconhecer com quem estamos nesta encarnação, o que fizemos e assim por diante. Esse departamento nos faz recordar e reconhecer praticamente nossa vida inteira neste momento. É esse setor que nos baliza, onde buscamos comparações entre o que somos e o que fomos. Aí buscamos subsídios para efetivarmos as mudanças pretendidas.

A memória sobre os desafetos fica registrada em outro departamento, bem escondido dentro de nossas experiências reencarnatórias, pois não conseguiríamos conviver, por exemplo, com inimigos de outras encarnações que nesta estivessem dentro do nosso lar. Nesse aspecto, o esquecimento é uma bênção.

Só que, assim como esquecemos os desafetos, esquecemos também os afetos. Mas vejam como Deus é detalhista: mesmo esquecidos os detalhes, nós nos lembramos deles pelas sensações que temos quando os reencontramos pelo caminho. São as tais afinidades que temos com determinadas pessoas e as antipatias que temos com outras.

Isso não é sentido somente por nós, é sentido também por eles, pois recebemos e enviamos vibrações que são percebidas. A partir daí, ativamos todo um sistema de memória das sensações e sentimentos em relação a eles e vice-versa.

Isso quer dizer que estamos aqui em nova tentativa de acertar as desavenças, e por isso temos que fazer diferente, porque, se fizermos do modo como fizemos em épocas passadas, colheremos o mesmo resultado.

Disso podemos concluir que a cada encarnação temos uma oportunidade de tratar melhor os que estão conosco, afetos ou desafetos, superando impressões que temos nos primeiros momentos de relacionamento.

Também é uma grande chance de percebermos que ninguém continua do mesmo jeito, porém melhoramos em relação a determinado ponto de nossa existência, o que nos conforta e nos dá a ocasião de entender que o desafeto está melhor que antes, e nós também estamos melhores que antes.

Quanto aos afetos, dá-se o mesmo, pois o tempo só faz apertar ainda mais os laços de carinho, amor e respeito entre os seres que se amam e se ajudam, encarnação após encarnação.

Isso é regeneração. Fazer-nos diferentes, mostrar que temos condições de viver melhor junto aos desafetos trazidos do passado, e para isso contamos com a ajuda dos afetos que também trouxemos.

Isso tudo prova a grandeza e a sabedoria de Deus, que acaba não se colocando diretamente no comando de nossas vidas, mas nos oferece as ferramentas necessárias para crescermos um pouco a cada experiência reencarnatória.

Espécies de família

O Espiritismo nos ensina que existem duas espécies de família: famílias constituídas de laços espirituais e famílias constituídas de laços materiais.

As famílias espirituais são as que se perpetuam no mundo dos espíritos. Por que elas se perpetuam? Porque são formadas com o tempo, durante as encarnações, pela depuração de sentimentos, o convívio de muitos milênios e o entendimento das leis divinas, e assim se tornam imortais, como o espírito. As famílias espirituais nos mostram exatamente o que Jesus queria dizer quando nos perguntou: "Quem é minha mãe, e quem são meus irmãos?".

A resposta de Jesus a essa pergunta nos dá a direção que devemos tomar para um dia termos uma família fortalecida por laços espirituais: "Quem faz a vontade de Deus, este é meu irmão, minha irmã e minha mãe".

Portanto, para ganharmos uma família formada por laços indissolúveis, só nos resta um caminho: exercitar a lei do Amor.

A outra espécie de família é a formada por laços materiais. Ao contrário da família espiritual, que é indissolúvel, que permanece tempo afora, esta se desfaz.

Desfaz-se por inúmeros motivos. Esses motivos estão todos relacionados com o nosso interesse maior nas coisas materiais. O apego excessivo aos bens materiais é capaz de nos colocar em confronto com os componentes de nossa própria família. São interesses pessoais em detrimento do interesse coletivo, que deveria nortear nossos sentimentos.

Ainda estamos tão ligados a fatos do passado distante ou próximo que não temos discernimento suficiente para nos colocarmos no papel do outro. Isso se faz importante para entendermos que qualquer um de nós pode se comportar de forma idêntica a de nossos desafetos, bastando para isso uma oportunidade. Pior, em muitas ocasiões nos comportamos de maneira ainda mais exacerbada e rancorosa.

A família material se desfaz porque o espírito continua, e o que fomos em determinada época não resiste ao tempo, não resiste à nossa mudança.

A família material se transforma com o tempo em filtro para a família espiritual, pelo processo da reencarnação, que nos coloca muitas e muitas vezes junto do mesmo grupo de espíritos, para nos depurarmos e nos compreendermos como participantes do mesmo processo evolutivo, cuja finalidade é nos transformar em espíritos puros.

Família e reencarnação

O grande responsável pela reencarnação, no plano material, é o casal formado pelo reencontro na matéria, pois a partir desse reencontro ambos se colocarão à disposição para efetivar os compromissos assumidos no plano espiritual.

Esse reencontro proporciona a vinda dos espíritos com os quais os acordos foram feitos. Esses acordos foram discutidos em detalhes, levando em conta experiências futuras de cada um e o modo como essas experiências se efetivarão.

O processo atende às leis divinas. Nada se faz por acaso, apesar do aparente imprevisto que marca o reencontro de espíritos no planeta Terra.

Esses reencontros são fruto de um trabalho minucioso, em que são atendidos os pedidos reencarnatórios e levadas em conta as condições dos reencarnantes.

Isso exige um estudo cármico dos envolvidos no processo. São estudados os mapas cromossômicos dos futuros pais e os recursos magnéticos para organização das propriedades hereditárias, para determinar qual espermatozoide estará mais apto a cumprir as condições reencarnatórias necessitadas pelo espírito. Vale dizer que nem sempre o espermatozoide mais saudável é utilizado, e sim o que melhor se prestará para a tarefa. Obviamente, essa descrição está muito longe do que realmente acontece. Nem seria possível colocar no papel o trabalho que a espiritualidade desenvolve para que ocorra a concepção. Trata-se, simplesmente, de um esboço.

Também são vistos a situação mental dos envolvidos e o clima afetivo instalado na casa onde o espírito reencarnará, pois isso é de suprema importância para garantir a qualidade emocional e psíquica dos envolvidos.

Temos outro fator: condições genotípicas e fenotípicas do reencarnante, com quem ele será parecido e quais características físicas ele terá dentro das experiências indispensáveis ao sucesso da encarnação.

O espírito deve colocar-se em posição adequada, para se encaixar na futura família, e isso é conseguido com exercícios de mentalização da forma futura, adaptando-se ao novo corpo e colocando-se em estado mental favorável ao processo. Essa mentalização favorece a ligação fluídica com os futuros pais, garantindo um ambiente agradável.

O último passo é a redução perispiritual. Essa redução é feita, em princípio, pelo próprio reencarnante, variando de caso para caso, dependendo do grau de evolução conquistado pelo espírito.

> "Unido à matriz geradora do santuário materno, (...) o perispírito sofre a influência de fortes correntes eletromagnéticas, que lhe impõem a redução automática. (...) Observa-se, então, a redução volumétrica do veículo sutil pela diminuição dos espaços intermoleculares."
>
> XAVIER, Francisco Cândido. Pelo Espírito André Luiz. *Entre o Céu e a Terra,* cap. 29.

A partir daí ocorre a conexão com o perispírito da mãe, a escolha do espermatozoide apropriado etc., como foi descrito.

Esse processo, como bem podemos imaginar, é de tal complexidade que é feito por mentes avançadas, não somente em termos de inteligência e tecnologia, mas também em sentimentos nobres que envolvem os participantes numa verdadeira teia de luz e amor.

> "(...) a maioria é magnetizada pelos benfeitores espirituais que lhe organizam novas formas redentoras, e quantos recebem semelhante auxílio são conduzidos ao templo maternal de carne como crianças adormecidas. O trabalho inicial, que a rigor lhes compete na organização do feto, passa a ser executado pela mente materna e pelos amigos que os ajudam de nosso plano."
>
> XAVIER, Francisco Cândido. Pelo Espírito André Luiz. *Missionários da Luz.*

É importante notar que a reencarnação é o filtro da família espiritual, pois essa família só será alcançada pelo treino da convivência, do entendimento entre os membros da família material, pois mantém os laços preexistentes, fortalecendo-os e transformando os desafetos em afetos.

Com a família conseguiremos atender ao apelo que Jesus nos fez quando esteve entre nós e ofereceu novas diretrizes de relacionamento. Conforme as palavras a seguir:

> "Ouvistes o que foi dito: Amarás ao teu próximo, e odiarás ao teu inimigo. Eu, porém, vos digo: Amai aos vossos inimigos, e orai pelos que vos perseguem".
>
> Mateus 5:43-44

Como atenderemos a essa orientação? Muitas vezes o ódio é tão grande que impede até a aproximação física entre inimigos. Será que Jesus não previu isso?

Com certeza previu. A reencarnação na mesma família é oferecida como a última instância para resolvermos nossos ódios mais endurecidos. Esgotadas todas as possibilidades de nos reconciliarmos com inimigos enquanto estamos com eles no caminho, só resta essa alternativa. O motivo principal é como nascemos: totalmente dependentes, não conseguimos sobreviver se não tivermos ajuda. Essa ajuda vem dos pais, que, muitas vezes, recebem inimigos do passado para a reconciliação.

Essa é a última chance que temos de amar os inimigos, tendo-os como filhos dentro de casa, onde ofereceremos nossos melhores sentimentos, satisfeitos e alegres com o presente recebido das mãos de Deus, nosso Pai.

Isso nos demonstra que a família terrestre é formada por agentes diversos. Nela encontramos afetos e desafetos, na tarefa maior de reconciliação, que nos permitirá avançar a passos mais rápidos rumo à perfeição que atingiremos mais dia, menos dia.

A pergunta que não quer calar: como tudo isso começa?

A resposta é simples: as pessoas se encontram "por acaso", sentem-se atraídas e começam o que convencionamos chamar de "namoro".

Namoro

O namoro é a relação entre duas pessoas que sentem afinidade entre si. O termo namoro é definido como o ato de namorar.

Namorar é algo mais do que simplesmente passar alguns bons momentos juntos. É um período em que os espíritos se percebem, se analisam, para depois tomarem as decisões imprescindíveis para continuar o planejado na espiritualidade.

Os termos mudam com os tempos, mas a finalidade é a mesma: conhecer o outro e confirmar se é o parceiro da programação reencarnatória.

O esquecimento por que passamos quando da reencarnação nos dificulta um pouco a escolha e, ao mesmo tempo, nos dá chances de rever companheiros de outras épocas, pois a afinidade nos move na direção das pessoas que nos foram caras em outros tempos.

Esse processo de atração é vestido de mistério, pois não lembramos como, quando e de que maneira vamos encontrar nossa parceira ou parceiro.

A espiritualidade atua nos orientando e nos oferecendo subsídios para que essa escolha seja a apropriada. São eles que colocam fluidos específicos para que esse "doce encantamento" aconteça de modo natural.

Quando encontramos a pessoa, acreditamos ser a mais sensacional, a mais perfeita, a mais tudo de toda a nossa vida...

É compreensível essa preocupação da espiritualidade, pois, não fosse a ajuda deles, nós não teríamos muitos motivos para levar adiante os planos. Essa ajuda é fundamental, pois nos coloca de braços abertos para receber e oferecer o carinho que muitas vezes negamos ou nos foi negado em tempos idos.

Esse "doce mistério" é o grande responsável pelas realidades da reencarnação e da afinidade, pois somente assim nos colocamos à disposição para enfrentarmos os questionamentos que virão, e somente dessa forma encontramos para amar os que devem chegar ao nosso lar.

> "...Muitas vezes, o Espírito renasce no mesmo meio em que já viveu e se encontra relacionado com as mesmas pessoas (...). Se reconhecesse nelas as que odiou, talvez seu ódio se revelasse outra vez (...)"
>
> KARDEC, Allan. *Evangelho Segundo o Espiritismo*. Cap. 5, item 11.

Esses espíritos chegarão graças à comunhão de dois seres que se encontraram "ao acaso", que se encantaram e se dispuseram a viver uma vida em comum, conforme foi dito. A vida em comum é colocada como primeiro passo para a organização da família na esfera carnal.

Nessa família prevalecerão os compromissos de assistência recíproca, pois todos nós necessitamos de apoio e sustentação em qualquer atividade que desenvolvamos. E que atividade é mais importante do que a de trazer espíritos para viver uma nova experiência no planeta?

O compromisso de assistência é total. Entre o casal e entre os filhos.

O casal junto une interesses, trabalha para a complementação das experiências que os filhos precisarão ter. Não é ideal um dos envolvidos não participar. Os dois devem participar ativamente da vida dos filhos e da vida do casal.

Os filhos são assistidos pelos pais desde antes da concepção. Quantos acertos são efetivados para que tudo dê certo? Os preparativos na espiritualidade dependem muito dos contatos feitos entre o casal, o espírito reencarnante e toda uma equipe que cuida dos detalhes para essa grande aventura chegar a bom termo.

Nada é improvisado. Tudo é estudado e analisado em detalhes.

A partir do encontro e da vontade manifesta de viverem em comum, cada um deverá utilizar as noções de dever que carregamos em nosso íntimo. Essas noções nos são oferecidas pela consciência.

A consciência nos mostra os caminhos mais seguros que deveremos trilhar em relação aos que estão conosco e em relação a nós mesmos.

É a consciência que nos adverte e nos sustenta nos momentos de angústia, nos momentos de dor, nos momentos em que desfalecemos e nos julgamos incapazes de levar compromissos adiante.

Nesses momentos entra o nosso livre-arbítrio, e muitas vezes sufocamos a voz de nossa consciência, atraídos por "negócios de ocasião", que nada mais são do que tentações para colocar à prova a determinação e os sentimentos em relação a quem escolhemos para compartilhar esta estrada reencarnatória.

Quando superamos essas provas, colocamo-nos em patamares mais elevados em relação ao que éramos e em posição de igualdade com os que estão ao nosso lado.

A grande questão é saber onde começa o dever, onde começa a relação de amor e lealdade que precisamos manter entre os membros de uma família.

Essa linha muito suave nos é descrita por Allan Kardec:

"O dever começa precisamente no ponto onde ameaçais a felicidade ou a tranquilidade do vosso próximo, e termina no limite em que não desejaríeis vê-lo transposto em relação a vós mesmos".

KARDEC, Allan. *O Evangelho Segundo o Espiritismo.* Cap. 17, item 7.

Trocando em miúdos, não podemos querer para os outros o que não queremos para nós mesmos. Isso fica claro quando nos percebemos incomodados diante de pessoas que insistem em ultrapassar os nossos limites, seja na vida pessoal ou na vida profissional.

Quanto ao dever, é a mesma coisa: assim como queremos que os companheiros de jornada entendam que têm deveres conosco e achamos que precisam ser cumpridos, também os que estão conosco entendem que temos deveres com eles e desejam que os cumpramos.

Marido e mulher, pais e filhos, irmãos, irmãs, enfim, toda a parentela nos pede que sejamos fiéis aos compromissos assumidos antes e durante a reencarnação.

Isso nos lembra da regra áurea da doutrina de Jesus.

Jesus sempre foi muito questionado porque incomodava os poderosos de então. Por causa dessa maneira de ser, em contradição com o estabelecido pela sociedade da época, Jesus passou por momentos difíceis, e, somente por sua ligação

intensa com o Pai, foi capaz de contornar essas situações para levar a bom termo a missão que lhe fora confiada.

Um desses momentos foi a interpelação do doutor da lei sobre qual seria o maior dos mandamentos.

Jesus disse que não viera abolir a lei. Portanto, a lei já existia. Depreendemos isso da resposta simples e direta que ele deu ao doutor da lei:

> "Respondeu-lhe Jesus: Amarás ao Senhor teu Deus de todo o teu coração, de toda a tua alma, e de todo o teu entendimento. Este é o grande e primeiro mandamento. E o segundo, semelhante a este, é: Amarás ao teu próximo como a ti mesmo...".

> Mateus 22:37-39

Por essa fala de Jesus, podemos perceber o quanto é importante para ele o amor. Amar a Deus, com certeza, é das coisas mais fáceis que podemos fazer, principalmente porque Deus não se preocupa muito com isso. Ele não está tão interessado assim em que o amemos. Tanto é verdade que Ele deixa conviver com os que o amam e com os que nele creem todos os que se dizem ateus. Se a preocupação de Deus fosse a de ser amado, com certeza Ele faria algo para os nãos crentes passarem a amá-lo. A grande questão do ensinamento de Jesus, portanto, não é o nosso amor a Deus. A grande questão é o nosso amor ao próximo.

O que fazemos com nossos desafetos?

Simplesmente continuamos a tratá-los como os tratávamos em épocas longínquas, com os mesmos sintomas de desamor, com as mesmas caras e bocas, ou seja, "fazemos exatamente igual ao que fazíamos antes".

A finalidade de uma encarnação é fazer as coisas de maneira diferente, pois, se fizermos da mesma maneira, teremos exatamente o mesmo resultado, ou seja, continuaremos cultivando desafetos.

Mais ainda do que cultivar, estaremos apertando as correntes que nos ligam a eles. Todos nós sabemos que o ódio nos prende, amarrando as possibilidades de melhora.

Às vezes nos detemos por milhares de anos, presos a essas correntes de ódio. Oferecem-nos várias oportunidades para que nos perdoemos, e nós, movidos pelo ódio, pelo egoísmo e pela falta de caridade, não nos harmonizamos, não nos desprendemos desses sentimentos maléficos que insistimos em cultivar século após século.

O que acontecerá? O que faz a espiritualidade para nos auxiliar na superação desses desafetos? O que diz a lei sobre isso?

A lei, neste caso, é claríssima... "Ame seu inimigo", isso foi dito por Jesus. Como amar o inimigo se muitas vezes não temos vontade sequer de conviver com ele? Se muitas vezes nos embrulha o estômago a simples presença de pessoas com as quais não nos afinizamos, se ao simples mencionar de nomes de desafetos nossa mente já começa a ressentir-se de fatos e emoções anteriores?

Jesus também nos disse que não sairemos daqui enquanto não tivermos pagado até o último centavo... Será que não sairemos do planeta? Será que, apesar das dívidas, ainda permaneceremos na Terra, quando esta passar ao status de Planeta de Regeneração?

Não confundamos as coisas. Todos sabem que a atração para este ou aquele planeta é feita por nossas ondas mentais, ou seja, de acordo com nossas afinidades. Isso significa que o sair ou não sair de determinado planeta não tem nada a ver com nossas dívidas materiais, e sim com a vibração que temos em determinados momentos.

A vibração de um planeta é medida pelo conjunto das vibrações de todos os habitantes encarnados nele. Isso significa que, se destoarmos da vibração coletiva, não continuaremos aqui, ou seja, seremos transferidos para planetas cuja vibração esteja de acordo com a nossa.

O que isso quer dizer? Que continuaremos com os débitos e, principalmente, que precisaremos saldá-los, independentemente do planeta que estivermos habitando. Nossas dívidas não se acabam até que terminem, como diria o velho guerreiro Chacrinha.

Voltando ao que Jesus nos disse, "Ame seu inimigo", fica a seguinte questão: quando e onde, pois o porquê já sabemos.

Amaremos o inimigo em alguma encarnação. Esgotadas todas as tentativas de nossos amigos espirituais para que nos tornemos amigos, sobrará a via derradeira: a família.

A família é o instrumento usado pela espiritualidade para que os desafetos contumazes, que não conseguem se aturar enquanto vizinhos, colegas de trabalho, colegas de escola ou em situações mais simples, consigam superar as diferenças e, finalmente, se amem.

Convenhamos que amar o inimigo é das coisas mais difíceis, e, portanto, a decisão de colocá-los na mesma família é a mais sábia e adequada.

Em que posições virão esses inimigos para que consigam superar a inimizade? Pais e filhos, simplesmente.

Pais e filhos

O *Evangelho Segundo o Espiritismo*, no capítulo 14, item 9, nos diz:

> "A ingratidão é um dos frutos imediatos do egoísmo; revolta sempre os corações honestos; mas a dos filhos em relação aos pais tem um caráter ainda mais revoltante".

Realmente essa verdade se nos faz inconteste. Toda ingratidão é de origem egoísta, mas a dos filhos para com os pais nos faz pensar, e muito, sobre as nossas reações quando ainda não éramos pais e mães e tínhamos muitas diferenças com os que nos ofereceram a oportunidade reencarnatória.

Pais e filhos muitas vezes não conseguem imaginar-se como espíritos imortais e únicos dentro da criação.

Muitos pais e mães têm a ideia de que os filhos lhes pertencem e, por isso, causam sofrimentos e transtornos que poderiam ser evitados.

De tudo o que nos oferece o Espiritismo, podemos depreender, sem sombra de dúvida, que os filhos não pertencem aos pais. É claro, é lógico, é irrefutável. São espíritos livres, com ideias próprias, tão filhos de Deus quanto os pais e as mães.

Isso nos leva a outra conclusão: pais e mães não pertencem aos filhos, pelos mesmos motivos. São consciências livres, tão filhos de Deus quanto os filhos.

Diante disso, diante do fato que cada espírito tem sua história, seus débitos e créditos, podemos afirmar que, inúmeras vezes, pais e filhos estão juntos na mesma tarefa: regatar débitos, ou seja, autoburilamento.

De nada adiantaria o resgate de débitos se, com isso, não nos melhorássemos. Não teria o menor sentido. O que nos pedem é que nos harmonizemos com os que ainda são nossos credores, para que essa harmonização proporcione melhora no estado geral de nossa consciência.

Esse reajuste nos orienta para podermos caminhar mais rápido e melhor em encarnações que teremos novamente juntos, mesmo que em posições diferentes das que ocupamos hoje.

Isso é evolução. Evolução pelo caminho mais rápido, mais consolador, mais cristão que poderemos ter. Amaremos os nossos inimigos, como nos diz Jesus e, quando já tivermos em nosso peito os inimigos como amigos de fato, tornaremos a eles para aproveitar todas as chances perdidas em séculos, talvez milênios, de lutas, rancores e mágoas.

Pais e filhos são literalmente iguais perante a vida. Não há no universo alguém que possa dizer-se deserdado pelo Pai de amor que nos criou. Temos as oportunidades necessárias ao crescimento planejado, para realizarmos experiências para o nosso engrandecimento espiritual.

Essas experiências podem e devem ser compartilhadas, pois o que nos ajuda pode ajudar o próximo e vice-versa. E que próximos são mais próximos que pais e filhos?

Por sermos iguais perante a vida e, principalmente, perante Deus, é que não devemos desprezar ninguém. Se não devemos desprezar ninguém, fica claro que pais e filhos devem manter um relacionamento no mínimo educado. Assim as oportunidades de reajuste podem ser utilizadas e o amor pode instalar-se, em definitivo, na vida de quem durante muitos e muitos anos não conseguiu ver o próximo no espírito que ansiava por uma chance.

Também não podemos esquecer que estamos num planeta de regeneração e provas, cuja finalidade maior é servir-nos como escola. Literalmente, escola. Onde aprendemos lições que não quisemos aprender em outras épocas, que nos pareceram demasiado duras e deixamos para outra ocasião, lições que antes nos pareciam tormentos, por causa de nosso estágio de desenvolvimento espiritual.

O tempo, esse grande aliado, nos facilita muitas coisas, nos amplia a consciência, nos oferece visões novas sobre velhos problemas. Munidos com essas novas visões, conseguimos ver melhor e, vendo melhor, construímos soluções diferentes, que nos garantirão resultados diferentes, melhores, com certeza.

Alunos é o que somos, todos, pais e filhos, no planeta.

Os pais têm condições mais avançadas, pois, nesta encarnação, chegaram antes, passaram já por muitas situações e poderão oferecer subsídios aos que chegaram depois, os filhos.

Pelo maior currículo de lições experimentado pelos pais, podemos considerá-los veteranos nesta escola chamada vida.

Os filhos poderão ser considerados calouros, pois estão começando, iniciando uma trajetória que, sem dúvida, com o amparo dos pais, será de sucesso e felicidade.

As dificuldades enfrentadas por alguns filhos não são causadas pelos pais ou por quem quer que seja: são causadas por eles mesmos, que se sentem incapazes de resolver pequenos conflitos que aparecem. Pela pouca maturidade, não conseguem entender que a solução apresentada por este ou por aquele pode ser boa. Rejeitam pelo simples prazer de não concordar.

Essa fase de contestação é comum e, por isso mesmo, merece um tratamento especial, para podermos superar a fase sem muitos traumas. Recomendado é que nos mantenhamos vigilantes e prestativos, pois o pedido de socorro pode surgir a qualquer momento.

Lembrar que as provas são escolhas de cada um, de acordo com a necessidade, e que as expiações são impostas pela consciência, é fundamental para não nos sentirmos esquecidos por Deus e com sofrimentos maiores que os que podemos aguentar.

Jesus, no Evangelho que nos legou, diz com todas as letras: o meu jugo é suave, e o meu fardo é leve. Precisamos ficar mais próximos desse irmão maior para que, nas dificuldades que nos pareçam além de nossas forças, possamos encontrar o apoio imprescindível.

É necessário entender que a reencarnação é o único mecanismo que nos oferece a chance de avaliarmos nosso crescimento espiritual para sermos capazes de nos convencer de que tudo o que nos acontece é, simplesmente, para nos tornarmos mais fortes diante das adversidades e mais brandos diante dos desafetos.

Vejamos o que diz *O Livro dos Espíritos* no capítulo 4, da Parte Segunda:

Questão 166. Como a alma, que não alcançou a perfeição durante a vida corporal, pode acabar de se depurar? – Submetendo-se à prova de uma nova existência.

Questão 166 a. Como a alma realiza essa nova existência? É pela sua transformação como Espírito? – A alma, ao se depurar, sofre sem dúvida uma transformação, mas para isso é preciso que passe pela prova da vida corporal.

Devemos levar em consideração a situação dos pais dentro do casamento, pois essa relação é fundamental para o desenvolvimento dos filhos e dos filhos dos filhos.

Vemos, muitas vezes, casamentos que parecem verdadeira tortura mental entre os integrantes. Perguntamos-nos como é possível que sobrevivam a tantos indicadores de desgaste da relação. A resposta está em experiências anteriores. Não sabemos como foi, no passado, o comportamento dos envolvidos, e por isso estranhamos tantos acontecimentos entre quatro paredes que somente os protagonistas têm condição de entender.

André Luiz, no livro *Nosso Lar*, nos fala sobre os tipos de casamento mais comuns na face da Terra. É interessante notar que os dados são de 1944 e hoje a situação talvez não seja a mesma, pelo momento que passamos no planeta. O trecho a seguir é retirado do capítulo 38, "O Caso Tobias":

"Luciana sorriu e ajuntou:

— Mas, graças a Jesus e a ela, aprendi que há casamento de amor, de fraternidade, de provação, de dever, e, no dia em que Hilda me beijou, perdoando-me, que meu coração se libertar desse monstro que é o ciúme inferior. O matrimônio espiritual realiza-se, alma com alma, representando os demais, simples conciliações indispensáveis à solução de necessidades ou processos retificadores, embora todos sejam sagrados".

Amor: não é exatamente o amor carnal que nos vincula por imantação indispensável para tornar possível uma união, mas o amor já além do corpo físico, o amor construído através dos tempos, consciente do papel de cada um na grande criação divina, que nos oferece as circunstâncias para demonstrarmos através de algumas pessoas o amor que já sentimos por grande parte da humanidade. Não existem, nesse tipo de casamento, a desconfiança, o ciúme, a posse, o egoísmo doentio que nos faz donos da pessoa que dizemos amar.

A relação, nesse tipo de casamento, é quase etérea, e há momentos de prazer sublimados pelo entendimento maior de que somos espíritos, únicos, e escolhemos com quem queremos viver, encarnados ou não. É mais que fraternidade, é conseguir ver no outro não o complemento, não a felicidade a conquistar, mas o companheiro ou companheira de viagem, quem nos faz bem e nos permite ver o brilho das estrelas na noite escura e a suave brisa que nos refresca nos momentos de grande convulsão interna.

Fraternidade: são praticamente irmãos, trabalham para realizações conjuntas, entendem-se como participantes de uma fraternidade na qual, provavelmente, o amor carnal não é uma necessidade interior, mas serve à procriação e ao acerto de detalhes reencarnatórios.

Provação: nesse caso, o casamento não é expiação, é uma avaliação de nós mesmos em relação aos que estarão conosco no caminho. Trata-se de uma averiguação de como estamos quanto aos desafetos antigos, que julgamos superados e que, agora, voltam para a devida aferição.

Dever: aqui o caso é mais interessante. Não é uma expiação, simplesmente. É a certeza de que erramos e, por isso, nos colocamos à disposição para fazermos diferente. Não éramos desafetos, éramos já velhos conhecidos e pisamos na bola, erramos feio. O amor se transformou em algo que já não sabemos o que é, mas sabemos que não é amor. Nova chance é dada ao casal. Partimos para uma jornada cheia de motivos para não continuarmos e... Continuamos mesmo assim.

Ideias inatas

Questão 115 de *O Livro dos Espíritos*:

> "Dentre os Espíritos, alguns foram criados bons e outros maus? – Deus criou todos os Espíritos simples e ignorantes, ou seja, sem conhecimento".

A resposta dos espíritos mostra como Deus é bom e justo, como trata a todos igualmente, não importando quem somos hoje ou o que estejamos fazendo.

O importante é que, no momento da criação, Ele se dedica a todos do mesmo modo, transformando em realidade seus sonhos de amor em relação à humanidade.

Os espíritos respondem de maneira simples e efetiva:

"Deus criou todos os Espíritos simples e ignorantes, ou seja, sem conhecimento".

Isso quer dizer que todos tivemos a mesma criação, e as diferenças que vemos não são fruto da criação... Se fossem, não demonstrariam a justiça infinita de Deus, tampouco o seu amor por todos.

Então, por que vemos tantas diferenças entre os seres humanos? De onde provêm?

Ora, essas diferenças vêm de outras encarnações, de outras experiências que tivemos, e fazem com que tenhamos a história atual.

São conhecimentos adquiridos encarnação após encarnação e que nos fazem ser o que somos.

Podemos considerar que são a herança deixada para nós mesmos em relação ao saber angariado, lembrando sempre que os conhecimentos desenvolvidos em uma encarnação não necessariamente serão utilizados em outras, pois tudo vai depender da ocasião e de nossa programação reencarnatória.

Chamamos esses saberes de ideias inatas quando aproveitamos aprendizados de outras encarnações.

São ideias que nascem conosco, não precisamos aprendê-las, são coisas que, de repente, nos achamos capazes de fazer e, melhor ainda, conseguimos fazer.

René Descartes refletiu sobre as ideias inatas e dizia: "(...) quando começo a descobri-las, não me parece aprender nada de novo, mas recordar o que já sabia. Quero dizer: apercebo-me de coisas que já estavam no meu espírito, ainda que não tivesse pensando nelas".

As ideias inatas, para Descartes, eram três:

Extensão: a certeza de que todos temos de ocupar um lugar no espaço. Não há ninguém que não sinta isso, que faz parte do lugar onde está, que o corpo que tem ocupa espaço e, claro, gostamos que nosso espaço seja respeitado. Devemos, em contrapartida, respeitar o espaço do outro. Isso é, literalmente, físico e moral. Fisicamente não podemos querer o lugar ocupado por alguém; isso não teria sentido, seria como uma usurpação. Moralmente, seríamos levianos e invejosos se quiséssemos ocupar funções já ocupadas por outra pessoa com o intuito de tomar-lhe a frente no que ela já está desenvolvendo.

Mente: outra das ideias inatas percebidas por Descartes fala da mente. Com a mente, segundo ele, percebemos que existimos, pois o pensamento é nosso atributo maior, com o qual conseguimos mentalizar o que somos e o que fomos, e visualizamos o que seremos.

Deus: além dessas, temos a ideia de Deus; não importando com que forma, o importante é que a relação com o divino faz com que transcendamos nosso plano e nos coloquemos em condição de imaginar algo além, dando-nos, enfim, a ideia da eternidade.

Kardec também se preocupava com essas ideias e fez algumas perguntas acerca delas em *O Livro dos Espíritos*. São as que vão da 218 até a 221. Claro que em outros momentos o tema volta à tona, pois tudo é interligado, e não poderíamos falar de reencarnação sem retornar ao tópico das ideias inatas, pois as encarnações são o grande celeiro dessas ideias, nossa herança intelectual, resultando em conhecimentos que podem ser acessados dependendo da ocasião e da necessidade.

Vejamos a pergunta 218, que se desdobra em a e b:

218. O Espírito encarnado conserva algum traço das percepções que teve e dos conhecimentos que adquiriu em suas existências anteriores? – Ele possui uma vaga lembrança, que lhe dá o que se chama de ideias inatas.

218 a. A teoria das ideias inatas não é, portanto, uma fantasia? – Não, os conhecimentos adquiridos em cada existência não se perdem. O Espírito, liberto da matéria, sempre os conserva. Durante a encarnação, pode esquecê-los em parte, momentaneamente, mas a intuição que conserva deles o ajuda em seu adiantamento. Sem isso, teria sempre que recomeçar. A cada nova existência, o Espírito parte de onde estava na existência anterior.

218 b. Pode, então, haver um grande vínculo entre duas existências sucessivas? – Nem sempre tão grande quanto podeis supor, porque as posições são frequentemente muito diferentes, e, no intervalo delas, o Espírito pode ter progredido. (*Veja a questão 216*).

Disso resulta, pela resposta dos espíritos a Kardec, que essas aquisições não se perdem: as levamos conosco quando retornamos para a pátria espiritual, juntamente com o que somos. Ao reencarnarmos, esquecemos delas parcialmente, pois, dependendo do que vamos experimentar durante a nova encarnação, não precisaremos acessá-las.

Conservamos, porém, a intuição do que já sabemos e poderemos aplicar essa intuição em qualquer das nossas experiências, pois é grande aliada em todo e qualquer momento. Sem ela teríamos sempre que começar do zero, o que tornaria inviável nossa ascensão espiritual. Em vez disso, recomeçamos de onde paramos, com tudo o que já tenhamos adquirido, seja de forma explícita ou de forma intuitiva.

Nossas aptidões atuais nada mais são do que resultado do que fizemos, e isso vem à tona quando requerido, fazendo-nos descobrir talentos que não imaginávamos possuir, que aparecem quando podem ser úteis. Ou seja, nossos progressos nos acompanham e, a qualquer instante, podem eclodir, causando verdadeiras surpresas em nós e em muitos dos que nos conhecem e não suspeitavam de que esses talentos existissem.

Muitos desses talentos desabrocham em idade avançada, quando já não estamos mais tão ligados à vida profissional e focamos no que pensamos ser um simples "hobby". A surpresa é maior ainda quando o que julgávamos ser "hobby" se transforma em algo importante em nossa vida, oferecendo-nos tanta felicidade e realização como jamais imaginávamos.

As ideias inatas se transformam em aptidões para cálculo, idiomas etc. Isso explica a facilidade que muitas pessoas têm com línguas estrangeiras, bastando mesmo um pequeno contato para readquirirem a fluência que desconheciam, surpreendendo a si mesmas muitas vezes. No caso do cálculo, acontece a mesma coisa. Como entender que pessoas que não tenham estudado o mínimo possam ter esse conhecimento e não sejam enganadas por ninguém no tocante a acertos financeiros e coisas afins?

A conclusão da pergunta 219 de *O Livro dos Espíritos* é que o que muda é o corpo, não o espírito que somos. Isso é muito mais provável do que outras teorias, que pregam que os corpos serão unidos aos espíritos num dia de julgamento final.

A volta em nova vestimenta física é o mais lógico para explicar tantas circunstâncias não compreendidas como naturais simplesmente por falta de elementos. E os elementos faltantes são todos expostos quando aceitamos e compreendemos a lei de reencarnação, justa e sábia, atestando em Deus todos os seus atributos.

É tão lógico e claro que, muitas vezes, não conseguimos perceber. O esquecimento sofrido ao reencarnar é parcial, pois muito do que somos e sabemos aparece mesmo que de relance e só quando necessário.

Essas conquistas acabam também por explicar a ideia de Deus colocada por Descartes. Sabemos que Deus existe intrinsecamente, mas, como nos dizem os espíritos na pergunta 221 de *O Livro dos Espíritos*, essa certeza é abafada pelo nosso orgulho, que não nos deixa entrever alguém mais poderoso que nós mesmos.

Essa ideia de Deus nos faz lembrar também que somos espíritos e, portanto, nos leva a ter consciência do mundo invisível. Essa ideia não é descartada por nenhuma religião, pois todas nos oferecem a possibilidade de outro mundo ao desencarnarmos. O que muda é a maneira como esse outro mundo é explicado. Normalmente, ele é dividido em duas partes: uma onde ficam os que se comportaram de maneira boa e outra para os que se comportaram de maneira não tão boa assim. De qualquer maneira, a ideia é que para se dar bem do outro lado é preciso estar sempre de acordo com o estabelecido. Isso realmente impede muitas mudanças que poderíamos operar em nós mesmos, pelo medo intrínseco de não chegarmos a um lugar bom quando desencarnarmos. Esse medo impede, inúmeras vezes, que nos superemos, fazendo com que continuemos sendo os mesmos quando poderíamos tentar algo novo e melhor.

O mundo invisível não é um lugar onde a inatividade é reinante, pelo contrário. Lá a vida continua, como nos é mostrado por tantos autores e depoimentos que nos chegam a todo instante.

É um estágio da vida. É lá que nos qualificamos em muito do que desenvolvemos ao encarnarmos. Também é lá que treinamos o que deveremos ser, do que nos ocuparemos e como nos preparamos para encontrar este mundo.

Mais uma vez, o medo e o preconceito impedem o aproveitamento dessas verdades, pois fica muito mais fácil colocarmos o destino nas mãos da divindade do que caminharmos pelas nossas próprias pernas.

Devemos lembrar que a divindade nos oferece todas as condições para que levemos a bom termo nossa programação reencarnatória, mas precisamos nos esforçar ao máximo para sair desta encarnação melhores do que quando aqui chegamos.

A superstição que nos dá medo e nos impede de aproveitarmos melhor as chances oferecidas deste lado deve ser desalojada de nossa mente, e só conseguiremos isso pelo estudo das leis que regem o intercâmbio entre o mundo visível e o mundo invisível.

Só conseguiremos estudar com o aproveitamento imprescindível se extirparmos de nossa vida o preconceito e a superstição e olharmos com olhos de ver, como nos diz Jesus, tudo o que está ao nosso alcance.

Ideias inatas e sonambulismo

A pergunta 431 de *O Livro dos Espíritos* fornece mais subsídios para a compreensão das ideias inatas e de onde elas vêm. Kardec indaga aos espíritos sobre as ideias de um sonâmbulo que, ao dormir, responde a questões as quais, desperto, ignora totalmente. Questões que estão acima de suas capacidades intelectuais.

Afirmam que o sonambulismo liberta o espírito e, dessa forma, este entra em contato com desencarnados, que podem oferecer condições para que ele responda. Também é possível que as respostas sejam dele mesmo, pois, quando estamos desdobrados, a consciência do que somos e do que sabemos é muito maior. Livres do corpo físico, conseguimos lembrar muito mais.

Ao voltarmos ao estado normal, geralmente não nos recordamos do que aconteceu. Temos como que uma visão ofuscada pela neblina e esquecemos quase tudo.

Isso vale para o médium de desdobramento, pois, quando ele desdobra, abrange uma porção muito maior de si mesmo, podendo acessar conhecimentos que nunca imaginou possuir e oferecer informações importantes sobre assuntos aparentemente desconhecidos por ele, que estavam guardados na memória e tinham sido conquistados e utilizados em encarnações passadas.

Ideias inatas e crianças prodígio

Essas ideias inatas são a explicação mais convincente para as aptidões demonstradas pelas chamadas crianças prodígio. Temos criança prodígio em todas as épocas da humanidade. Quem não se lembra de Wolfgang Amadeus Mozart, com sua habilidade musical prodigiosa desde a infância? Poderíamos até dizer que a época era propícia para o aparecimento de músicos, pois a possibilidade existia para muitos que demonstrassem algum talento. Mozart, no entanto, foi excepcional, pois não somente tocava como também compunha peças completas desde tenra idade. Sabemos do desencanto de Salieri ao perceber que os originais de Mozart não tinham correção: eram feitos de uma única vez, demonstrando o gênio construído através de milênios de exercícios e aprimoramento.

Outra que encantou a todos foi Shirley Temple, ganhadora de um Oscar especial aos 6 anos de idade. Na época da Grande Depressão, foi a grande salvadora de um dos maiores estúdios cinematográficos dos Estados Unidos, a 20th Century Fox, ou simplesmente Fox. Começou a ter aulas de dança aos três anos de idade. Desenvolveu a carreira de atriz e, posteriormente, de diplomata, por causa do encanto que despertava em todos. Faleceu em 2014, com 85 anos de idade.

Dos mais recentes casos mostrados pela mídia, vale ressaltar o de Akrit Jaswal, jovem indiano que ficou famoso por ter feito, aos sete anos de idade, com sucesso, uma cirurgia em um paciente, sem nunca ter feito um curso de medicina. Precoce, começou a falar com dez meses de idade; leu um livro de Shakespeare aos 5 anos de idade.

Claro que existem vários casos semelhantes, sem tanto estardalhaço na mídia, e vemos em muitas escolas crianças com capacidades especiais. São os chamados portadores de altas habilidades, conhecidos pela sigla PAH.

Vejamos como funciona o chamado QI (quociente intelectual).

Mais ou menos a metade da humanidade tem QI situado entre 90 e 100 e, por convenção, chegou-se ao número 100 como média da inteligência da humanidade.

Quase a totalidade da humanidade, 99,5%, está situada entre 60 e 140 de QI. Isso quer dizer que os considerados gênios são, aproximadamente, 0,5%. Esses números são obtidos

quando se aplicam testes lógicos somente. Ao aplicarem testes em que são medidos outros tipos de inteligência, esse percentual sobe para, aproximadamente, 20%. Vejam que isso é lógico, pois não temos uma única capacidade, mas várias, que, interligadas, nos oferecem o total do que somos, ficando mais fácil o entendimento de que somos seres holísticos, e não somente possuidores desta ou daquela capacidade.

A inteligência e nós

A inteligência tem sofrido mudanças na sua conceituação desde 1575, quando o médico Juan Huarte a descreveu como a habilidade de aprender, de exercer a capacidade crítica e de ser imaginativo.

Em 1921, já havia uma definição mais completa: inteligência passa a ser a capacidade de pensamento abstrato, de adaptação a ambientes ou situações novas, e de aquisição de novos conhecimentos.

Nos dias atuais, tal conceito passou a considerar as seguintes habilidades: pensamento abstrato, raciocínio, organização de informações, improviso, previsão, raciocínio lógico, discernimento e intuição.

Essa visão foi ampliada a partir das experiências de Howard Gardner, que formulou a teoria das inteligências múltiplas, o que contempla o ser humano com muito mais capacidades do que simplesmente o raciocínio lógico. Isso equivale a dizer que, quando somos testados em uma de nossas capacidades que não seja simplesmente lógica, podemos nos tornar gênios, ou seja, ficar com o QI acima de 150.

Essa teoria procura os blocos construtores da inteligência da seguinte maneira:

LÓGICO-MATEMÁTICA

Raciocínio lógico, compreensão de modelos matemáticos; capacidade científica.

LINGUÍSTICA

Expressão com a linguagem verbal; áreas gramaticais, semânticas, retórica (aquela expressada pelos poetas e escritores).

ESPACIAL

Pensar de modo visual; orientação espacial; expressa graficamente ideias visuais e espaciais; sentido de localização, movimento e direção.

MUSICAL

Expressão com sons; usar a música como veículo de expressão.

CORPORAL-CINESTÉSICA

Domínio dos movimentos do corpo; habilidade para usar o corpo como meio de expressão.

INTERPESSOAL

Capacidade de relacionar-se e responder adequadamente às outras pessoas, correspondendo-lhe as necessidades e sentimentos.

INTRAPESSOAL

Capacidade de se autoconhecer; consciência das próprias forças e potencialidades; utilizar esse modelo para operar efetivamente na vida.

NATURALISTA

Interage com os processos da natureza: biológicos, ambientalistas, paisagistas.

EXISTENCIAL

Questionamentos filosóficos e religiosos.

Além dessas, ainda temos que considerar as inteligências relacionadas com o espírito que somos, com a maneira como nos relacionamos com o lado invisível da vida, e aí teremos que relacionar a mediunidade em suas variações, como intuição, percepções extrassensoriais, práticas curadoras de ordem espiritual, obsessões e muito mais.

Os portadores de altas habilidades mostram-se assim desde crianças e têm algumas características específicas, como sentirem-se entediados facilmente e desenvolverem um sentimento de inadequação, pois acabam sentindo-se sem motivação, dependendo do que estejam aprendendo.

Têm uma capacidade de integração de elementos muito acentuada e colocam as outras crianças em posições de acordo com a sua percepção, o que lhes confere uma capacidade de liderança inata muito grande, tudo isso por causa da rapidez que têm no processamento de informações.

Eles têm gosto por desafios, o que os faz procurar por coisas novas, chegando até a desenvolver certa agressividade na ânsia de mostrar que são capazes de coisas diferentes e que poucos conseguem realizar.

Para minimizar essas condições e não transformá-los em pessoas "diferentes", são necessários alguns cuidados. Não colocá-los como "exemplo a ser seguido" na sala de aula, por exemplo, pois isso diminuiria a autoestima dos que não estiverem nessas condições.

Ajudar os coleguinhas também não é interessante, pois isso poderá reforçar o preconceito que poderiam sofrer, transformando uma qualidade em motivo de *bullying* pelos demais colegas de turma.

Infância

Ainfância é um período de preparação para o espírito elaborar a personalidade. Precisamos entender que a cada encarnação temos uma personalidade, a qual é necessária para adquirirmos, pelas existências sucessivas, o completo entendimento das coisas e atingirmos o *status* de espírito puro. Notemos que, apesar da mudança de personalidade, nosso caráter continua o mesmo e vai se aperfeiçoando.

Nesse período, a criança não consegue mostrar muitas capacidades, e esse é um dos aspectos que facilita o amor entre pais e filhos, pois, quando recebemos nossos filhos com tão poucas capacidades, fica quase impossível não amá-los. Afinal, se os abandonássemos, eles simplesmente não teriam condições de sobrevivência e, fatalmente, morreriam.

Também não percebe as formas nem as distâncias, ficando restrita às cores, essas sim importantes, pois, na infância, gostamos de coisas muito coloridas e que nos chamem atenção.

Como característica dessa fase, temos o egocentrismo, pois tudo o que vemos acreditamos ser para nós, não precisando ser dividido. Essa característica, teoricamente, seria deixada de lado com o tempo, mas, infelizmente, não é o que acontece, pois, à medida que vamos crescendo, também ficamos egoístas, não conseguimos ver que poderíamos aliviar a situação do próximo, simplesmente dividindo o que temos com pessoas mais necessitadas.

Na infância, também somos concretos. Não imaginamos que algo possa ter outro sentido, não abstraímos, não vemos coisas diferentes com as mesmas palavras, somos pão, pão, queijo, queijo.

Outra característica dessa fase é não nos reconhecermos, pois achamos que somos iguais, simplesmente. É interessante que essa característica, que deveríamos manter durante a vida toda, seja deixada de lado muito rapidamente, pois com o tempo vamos nos identificando e achando um monte de diferenças entre nós e os outros, o que dificulta os relacionamentos, pois nos comparamos com os demais.

A serventia da infância nos é colocada pelos espíritos, na pergunta 383 de *O Livro dos Espíritos* quando Kardec indaga qual é a utilidade de passarmos pelo estado de infância.

A resposta é muito importante, pois os espíritos nos dizem que reencarnamos para nos aperfeiçoar e, durante esse período, somos mais acessíveis às impressões recebidas, que podem nos ajudar no adiantamento necessário durante a reencarnação. E, o mais importante, essas impressões devem ser conduzidas pelos pais, os encarregados de educar o espírito recebido para ajudá-lo a crescer espiritualmente. A educação desse espírito deve ser feita desde a concepção, ou seja, desde o início do processo da fecundação, pois já temos ali, ligado ao perispírito da mãe, o ser que conduzirá a formação biológica do corpo físico por meio do perispírito, que servirá de modelo organizador biológico (MOB), como nos diz o ilustre pesquisador Hernani Guimarães Andrade. Esse fato é importantíssimo, pois devemos levar em consideração, como foi dito, que o espírito não é criado com o corpo físico; ele tem história, adquirida nas vivências em outras épocas.

A infância acaba sendo o grande laboratório para oferecermos ao espírito opções de comportamento e melhora. Para isso, devemos dar nosso melhor, não só por meio de palavras, mas principalmente por ações, que determinarão na criança o que deve ser e o que não deve ser seguido.

Esse ser integral deve ser respeitado e tratado como filho de Deus. Não é nosso, mas está conosco por empréstimo, para ofertarmos nossa experiência e ajudá-lo em sua programação reencarnatória da melhor maneira possível. Para isso, devemos entender sua posição diante do tempo e da criação, ou seja, já viveu em muitas épocas, trazendo conhecimentos que não sabemos quais são e marcas que não sabemos de onde vêm.

Dessa forma, não podemos exigir que aja como nós ou pense como nós ou que tenha objetivos que atendam às nossas necessidades.

Toda a reencarnação é preparada tendo como objetivo principal a evolução dele. Claro que, como coparticipantes, temos uma contribuição muito importante, porém se trata apenas de uma contribuição, e as escolhas e os objetivos são dele.

Educação do espírito

A educação do espírito tem como pressuposto básico o fato de que somos todos diferentes e precisamos prestar atenção a esse ponto em relação a nossos filhos. O que isso quer dizer? Quer dizer que não podemos educar todos os filhos da mesma maneira! Simples assim.

O que devemos fazer é amá-los da mesma maneira, oferecendo-lhes todo o amor que conseguirmos, sem privilegiar nenhum deles, mas devemos entender que, sendo diferentes, possuem necessidades distintas e, para isso, precisamos estar presentes na vida deles, pois somente prestando atenção em nossos filhos teremos condições de avaliar suas necessidades para esta ou aquela empreitada. Para isso, devemos perceber suas pequenas manifestações enquanto crianças e adolescentes, pois nos oferecem indícios muito perceptíveis em relação às suas atitudes diante do que lhe ocorre.

Se oferecermos a mesma forma de educação para todos, corremos um risco muito grande de nos frustrarmos, pois uns reagirão como pensávamos e outros não. Aí ficaremos nos questionando: "Onde foi que eu errei?".

O erro, se pudermos chamar assim, foi não ter compreendido que cada um é cada um e que deveríamos ter oferecido o que estava mais de acordo com o seu caráter, com suas manifestações durante a infância. Deveríamos ter oferecido limites àqueles que achavam que tudo era deles, ter oferecido mais carinho àquele que simplesmente resolvia tudo na pancada, tomando do outro o que julgava ser seu por direito.

Deveríamos ter oferecido mais exemplos de alteridade e de altruísmo, deveríamos ter colocado mais segurança aos que, se demonstraram mais inseguros, por meio de gestos de carinho e de encorajamento.

Quantos déspotas poderiam ter sido diferentes se tivessem tido os limites necessários para entender que, não importa o quanto temos em termos materiais, somos todos iguais perante Deus?

Muitas vezes não conhecemos os filhos tão a fundo como gostaríamos, porque passamos pouco tempo dentro de casa e

não aproveitamos esse tempo da melhor maneira. Preferimos ver televisão ou ler um jornal, e isso é importante também, mas deveríamos olhar para os nossos filhos com olhos de quem quer conhecê-los melhor.

Só quando conhecermos os nossos filhos é que poderemos oferecer a ajuda substancial de que precisam para que se tornem vencedores de si mesmos; para que se norteiem com qualidades que usarão em toda a existência.

Somente o contato diário e permanente e a certeza de sabermos que somos espíritos é que nos garante que tudo o que fizemos não será perdido, nem mesmo quando o que oferecemos não for bem compreendido ou deixado de lado por ofertas mais sedutoras. Mesmo assim, as sementes estarão lá, à espera de um raio de Sol e de um pouco de água para germinarem, mostrando o quanto é possível mudar, mesmo que a mudança não seja imediata como gostaríamos.

Precisamos conhecer nossos filhos, saber quais os seus pontos fortes e seus pontos fracos, para oferecermos as compensações indispensáveis ao equilíbrio que devem ter para realizar uma boa caminhada pela vida.

Conhecer nossos filhos é entendê-los e perceber que podemos caminhar juntos, orientando e apresentando nossa experiência, sem que isso seja castrador ou os intimide, impedindo-os de superar limitações. Podemos nos colocar como companheiros de jornada em vez de verdadeiros "sabe-tudo".

Para isso, devemos conviver com eles o maior tempo possível, dando-lhes atenção, a mesma que gostaríamos que eles nos dessem se estivessem em nosso lugar.

Dar atenção é fundamental à criança para que ela possa desenvolver a autoestima, tão fundamental ao prazer nos empreendimentos em sua vida, pois sabemos que o conceito de sucesso varia de pessoa para pessoa, mas a recompensa pelo desempenho conseguido só nós é que avaliamos. E podemos dar essa recompensa a nós mesmos pela produção dos hormônios do prazer em nosso cérebro.

Tecnologia, família e espiritualidade

qui entra a grande questão da tecnologia, pois muitos pais e mães se perguntam para onde caminha a humanidade, para onde iremos, o que será dos relacionamentos familiares e como serão as famílias no futuro diante de tanta tecnologia.

É preciso entender que a tecnologia é tão antiga quanto a humanidade, e sempre utilizamos os meios de que dispúnhamos para alterar o meio ambiente onde atuávamos.

Percebemos que não éramos tão fortes quanto nossos adversários, os animais, e eles nos predavam com muita facilidade. O que fizemos? Convertemos os recursos naturais, como galhos de árvores e pedaços de pedra, em armas para potencializar nossa força e para termos mais contundência ao atingirmos nossos alvos.

Isto é tecnologia: transformação dos recursos naturais em ferramentas para ter uma qualidade de vida melhor e mais satisfatória.

No âmbito dessas transformações, vamos achar no fogo um dos pontos-chave na evolução da espécie humana, pois com ele descobrimos inúmeras possibilidades, a começar pelo que comíamos... Era tudo frio, sem muito cuidado e, principalmente, sem muito sabor. As carnes, particularmente, eram comidas in natura, sangrando.

Com a descoberta do fogo ficou tudo mais fácil, pois os alimentos começaram a ser mais elaborados, os pelos dos animais começaram a ser queimados, facilitando a digestão, pois não tínhamos mais sua incômoda presença durante as refeições.

Com as refeições, tivemos também a melhora em relação à temperatura, pois o fogo nos ofereceu o conforto que não tínhamos nos tempos de inverno, quando penávamos dentro de cavernas escuras e geladas, sem as intempéries dos descampados, mas ainda com o frio que chegava até os ossos, fazendo a vida ser bem difícil. O advento do fogo trouxe ainda mais mudanças. Nossas relações se desenvolveram muito, inclusive o humor, pois sabemos que, de maneira geral, ele melhora quando estamos com boas condições de vida.

O fogo também nos ofereceu outro aspecto decisivo para a permanência no planeta: a segurança.

Descobrimos que os animais têm medo do fogo e não se aproximam com tanta facilidade quando temos uma chama acesa perto de nós. A partir daí, tivemos mais tranquilidade nas noites de sono, com vigilância sempre, porém com muito mais tranquilidade e certeza de que veríamos um novo amanhecer.

Isso nos mostra que a humanidade tem buscado sempre melhores condições de vida e que chegamos a um momento crucial de nossa existência.

Chegamos a um ponto que será considerado divisor de águas, pois nos lembraremos dessa fase como antes e depois do silício.

O silício é o componente que veio facilitar o cotidiano e nos levou para o futuro, deixando de lado a vida com válvulas para nos dar a vida com os componentes eletrônicos mais sofisticados.

Encontramos o silício em praticamente tudo o que é produzido atualmente: de perfumes a porcelanas; de aviões a telefones; de relógios de pulso até automóveis supermodernos; de papéis especiais a smartphones... E assim por diante.

O silício é o responsável pelo crescimento das chamadas "empresas.com", pois a maioria delas está instalada no Vale do Silício, situado na Califórnia, nos Estados Unidos. Essa região concentra empresas de tecnologia da informação, computação e outras mais. Essa região começou a se desenvolver no começo dos anos 1950, com o objetivo de gerar inovações no campo científico e tecnológico. Compõem essa região várias cidades, como Palo Alto, Santa Clara, San José, Campbell, Cupertino, Fremont, Los Altos, Los Gatos, Sunnyvale e Union City, entre outras.

Lá estão instaladas empresas conhecidíssimas por sua excelência e desenvolvimento tecnológico, como Apple, Facebook, Google, NVidia, Eletronic Arts, Symantec, AMD, Ebay, Yahoo!, HP, Intel, e Microsoft, Adobe e Oracle.

Toda essa tecnologia e o medo que muitos têm dela nos remetem ao *Evangelho Segundo o Espiritismo*, capítulo 17, item 10, em que nos deparamos com a mensagem de um espírito protetor, na cidade de Bordeaux, no ano de 1863:

> "(...) vivei com os homens de vossa época, como devem viver os homens. Mas se renunciardes às necessidades, ou mesmo às banalidades do dia a dia, fazei-o com um sentimento de pureza que possa santificá-las. (...)
>
> (...) A virtude não consiste em assumir um aspecto severo e sombrio, em rejeitar os prazeres que a vossa condição humana permite; basta reger todos os vossos atos pela lei do Criador, que vos deu a vida. Quando se começa ou termina uma obra, deveis elevar o pensamento a Ele e pedir-Lhe, num impulso da alma, a proteção para nela ter êxito ou sua bênção para a obra acabada. O que quer que façais, ligai vosso pensamento à fonte suprema de todas as coisas e não façais nada sem que a lembrança de Deus purifique e santifique vossos atos".

Quer dizer que não precisamos nos privar de nada para que a nossa vida melhore, e isso inclui todas as conquistas que temos feito, em termos de tecnologia, nestes últimos sessenta anos.

Não temos o direito de atrapalhar o progresso, porque ele é necessário ao desenvolvimento do planeta em termos materiais. Devemos utilizar todo esse progresso com o que temos de melhor: o amor.

Asas da evolução

Isso nos remete a outra proposta de *O Evangelho Segundo o Espiritismo*, no capítulo 6, item 5:

"Espíritas! Amai-vos, eis o primeiro ensinamento; instruí-vos, eis o segundo".

Amor e instrução são as duas asas para o nosso desenvolvimento e, portanto, devemos desenvolvê-las para atingirmos o status de espírito puro, nossa destinação final.

Não adianta andarmos somente pelos caminhos do amor sem entender que também é amor a oferta do conhecimento para todos os que estão ao nosso redor.

Também não podemos somente transmitir o conhecimento, pois ele acaba ficando sem sentido quando é utilizado sem o amor, tornando-se, simplesmente, um adorno da pessoa que o detém.

Todo conhecimento deve ser dado a todos e de forma a possibilitar o avanço moral e espiritual de tantos quantos o utilizem.

Nossos filhos e netos já vêm com um conhecimento bem maior do que o que tínhamos ao reencarnarmos, e isso quer dizer que eles têm conhecimento acumulado de outras encarnações, e, sem dúvida nenhuma, o lado de lá está mudado, e muito.

Antes de reencarnarmos, nos preparamos para o que devemos fazer aqui, tudo direitinho, nos lembramos à medida que os acontecimentos surgem e, assim, tomamos decisões, de acordo com o conhecimento adquirido e as lembranças daquilo que treinamos, o que amplia nossa intuição em torno do que deveremos fazer.

Também nossos filhos e netos treinaram antes de vir, e dá para perceber que as plataformas em que eles treinaram são diferentes das nossas, trazem outras ideias, outras escolhas, de acordo com o que estudaram, programaram e treinaram do lado de lá.

Nós temos algumas gerações convivendo em nosso planeta, a saber: *baby boomers*, os que nasceram após a Segunda Guerra Mundial, nas décadas de 1940 e 1950; depois veio a geração X, nascidos entre 1960 e 1979. Com os millennials, ou geração Y, chegou a internet, o que acelerou as mudanças e as transições de geração. A partir daí, os grupos comportamentais deixaram de ser separados por 20 anos, passando essa separação a ser de 15 anos. Depois da geração Y, dos nascidos entre 1980 e 1994, veio a geração Z, de 1995 a 2009.

O alfabeto acabou, mas as mudanças não. Ficaram mais rápidas, chegamos à era digital.

Com isso, chegou a geração alpha, de acordo com o pesquisador social australiano Mark McCrindle, é a única cem por cento digital. Esse grupo vive a tecnologia, está habituado com o mundo da "cloud computing", e isso precisa ser levado em consideração.

Para tanto, precisamos dar uma olhadinha num passado muito distante, quando o pessoal de Capela, um sistema solar da constelação de Cocheiro[1], estava passando por um período bem semelhante ao que nós hoje estamos vivendo.

Também lá estavam passando por um período de transição, a tecnologia também estava adiantada, a inteligência

---

[1] **Nota da Editora:** Para entender melhor sobre Capela, recomendamos a leitura dos seguintes livros: *A Caminho da Luz*, do Espírito Emmanuel, psicografado por Francisco Cândido Xavier; *A Gênese*, de Allan Kardec; e *Os Exilados de Capela*, de Edgar Armond.

humana começava a superar suas barreiras, e eles se acreditavam donos de toda a realidade e que o conhecimento que eles tinham acumulado seria suficiente para colocá-los onde eles quisessem, mas o planejamento do universo conta com uma variável que eles não levaram em consideração: o amor.

O que aconteceu? Da mesma forma que hoje estamos vivendo uma fase de conturbações para que tudo se acomode, lá também isso aconteceu. Os que se adaptaram às novas condições vibracionais ficaram por lá; os que se rebelaram, pensando que somente o conhecimento lhes garantiria um mundo melhor, foram enviados para outros planetas, de acordo com o nível evolutivo de cada um.

Nós chegamos nesse impasse e vemos que tudo está mudando, inclusive a família, que, cada vez mais, toma novas formações, adaptando-se ao período e ao futuro.

Por isso, é importante manter em mente que nem só de tecnologia vive a humanidade, é necessário que nos amemos... E cada vez mais.

Podemos utilizar e deter toda a tecnologia que estamos conquistando, mas precisamos utilizar toda a "sentimentologia" que nos foi transmitida há dois mil anos. Para isso, temos que criar uma melodia que transite, afinada, entre a razão e o amor.

É interessante notar que o amor não muda, pois Deus não muda. Jesus nos disse que Deus é amor, portanto o amor está em todo o universo, espalhando os benefícios que só conseguiremos perceber quando amarmos de maneira melhor do que amamos hoje.

Para isso, não podemos deixar de atender ao convite que Jesus nos fez há dois mil anos, quando estava se despedindo dos apóstolos, como relatado por João, no capítulo 13, versículo 34 de seu Evangelho:

> "Um novo mandamento lhes dou: Amem-se uns aos outros. Como eu os amei, vocês devem amar-se uns aos outros. Com isso todos saberão que vocês são meus discípulos, se vocês se amarem uns aos outros".

Adolescência

Temos que entender que os filhos vão encontrar a melhor maneira de expressar seus anseios e desejos, vão buscar as melhores opções para eles, vão caminhar pelos caminhos que acharem os melhores para o que se propuseram nesta etapa da existência.

Vão se expressar de acordo com o que são, e não como gostaríamos que fossem. Tudo o que fizemos na infância deles em termos de exemplos e orientações vão começar a dar os frutos e, apesar de as escolhas não serem nossas, nós oferecemos os subsídios para que qualquer escolha que eles façam seja embasada em bons exemplos e boas indicações.

O grande teste para o espírito é a adolescência. É uma época em que tudo começa a transformar-se, e todos nós passamos por isso. Portanto, não devemos entender esse período da vida como um sacrifício para os pais ou os que estão encarregados de educar esse espírito, mas sim como uma ocasião para ver as sementes plantadas na infância germinarem e desabrocharem, mostrando o que teremos pela frente.

É uma época de grande confronto, dependendo da maneira como encararmos essas mudanças. As grandes descobertas que vão sendo feitas nos conduzem a um mundo novo e, ao mesmo tempo, já conhecido, pois nos reconhecemos, vemos que temos opiniões, pontos de vista, objetivos, e começamos a lutar por eles.

Vamos mostrando a que viemos, e aí ocorrem os primeiros grandes conflitos da existência. O que antes era encarado como birra de criança e corrigido de maneira mais ou menos eficaz transforma-se em verdadeiras quedas de braço, e cada lado tenta mostrar quão forte é, buscando vencer o outro.

Nessas disputas, podem ocorrer algumas rupturas, que antes não eram sequer imaginadas, mas que passam a fazer parte da vida de pais e filhos de forma muito concreta, podendo ser motivo de dores ou alegrias.

Quanto maior o confronto, maior a dor para ambos os lados, pois cada um quer que o seu ponto de vista prevaleça, chegando a ferir sentimentos que poderiam ter sido preservados se buscássemos o entendimento por meio do diálogo constante e eficaz.

Também é interessante notar que essa fase é de mudanças que nem sempre nos deixam com o aspecto que gostaríamos de ter, o que ocasiona, entre outras situações, o *bullying*. E convenhamos que ninguém gosta de sofrer esse tipo de constrangimento, mesmo disfarçado de brincadeiras de colegas de escola.

A circunstância que se cria é muito grave e precisa ser acompanhada de perto, pois os filhos podem perder a autoestima e tornarem-se pessoas arredias e de difícil convivência.

Não é fácil começar a perceber que os pelos estão nascendo em todos os lados, também não é fácil olhar para si e notar que o nariz está maior do que era ontem. Isso sem contar as espinhas, que, inevitavelmente, aparecem para nos visitar nas piores situações e nos momentos mais difíceis do relacionamento com o sexo oposto.

Tudo isso faz com que o humor dos adolescentes seja muito instável, variando do oito ao oitenta em questão de segundos.

Os que estão ao redor desses adolescentes têm, nesses momentos, que se lembrar do tempo em que foram adolescentes, de tudo o que passaram, da forma como lidaram com os problemas que tiveram, fazendo com que eles se sintam mais envolvidos emocionalmente, fazendo com que o carinho nesses momentos seja maior que as desilusões que acontecem nessa fase.

As crises existenciais pelas quais os adolescentes passam são intensas e vividas como se fossem o único acontecimento.

Tudo é muito intenso, tudo é muito definitivo, tudo é para sempre... Até que passe a sensação, e eles chegam à conclusão de que nada é para sempre, que os amores se renovam, que as espinhas desaparecem com um remedinho receitado pelo dermatologista, que a aparência logo, logo se estabiliza, e a vida retoma seu ritmo normal... Ou quase.

Gostaríamos que essa fase não existisse, mas tudo é importante para a manutenção da espécie humana, pois como continuaríamos existindo, se não tivéssemos a divina oportunidade da procriação? Somos espíritos imortais e, volta e meia, encarnamos no mesmo planeta, aproveitando todas as chances que ele nos oferece para aumentarmos nosso nível evolutivo e nos aproximarmos cada vez mais da nossa destinação final, chegarmos a espíritos puros.

Sem essas adaptações ao planeta e à maneira como ele nos recebe, seria muito difícil continuarmos nossa trajetória.

Muitos poderão dizer que hoje em dia existem outros meios de fertilização, o que somente indica o nível tecnológico que já atingimos, oferecendo possibilidades múltiplas para quem, pelas vias normais, não poderia engravidar.

Esses métodos também demonstram que, mais dia menos dia, os planejamentos familiares serão diferentes, oferecendo inúmeras oportunidades para a realização do sonho da maternidade e da paternidade.

A adolescência é tão importante nas diversas épocas da humanidade que não passou despercebida por Allan Kardec. Intrigado com as mudanças que ocorrem nessa fase da vida, questiona os espíritos sobre o assunto, na pergunta 385 de *O Livro dos Espíritos*:

> **385.** De onde vem a mudança que se opera no caráter em uma determinada idade e particularmente ao sair da adolescência? É o Espírito que se modifica?

A resposta dos espíritos não deixa a menor dúvida quanto ao fato de já termos estado por aqui em diversas ocasiões, pois eles nos dizem que retomamos nossa natureza, ou seja, passada a infância chegamos à adolescência, ponto em que estávamos quando retornamos para a pátria espiritual. A partir daí estamos de novo conosco, no caminho, em busca das transformações que nos propusemos quando estávamos do lado de lá. Ou seja, passamos por algumas fases para nos adaptarmos ao mundo até reiniciarmos a caminhada do ponto onde paramos.

Por isso mesmo, torno a frisar a importância da educação do espírito, pois temos que educar nossos filhos como seres integrais, que têm história, que traçaram objetivos novos e têm, para isso, as experiências que pediram.

É importante entendermos o que Jesus nos quis dizer quando afirmou que amaríamos nosso próximo como a nós mesmos.

Se a tomarmos como uma afirmativa inquestionável, veremos que a única maneira de amarmos nosso próximo como a nós mesmos, nestes momentos do planeta, será quando eles se transformarem em nossos filhos, pois que próximos mais próximos que os filhos?

Classificação do Planeta Terra

Vejamos como é a classificação do nosso mundo: planeta de provas e expiações. Isso quer dizer que estamos aqui para duas coisas: a primeira é provar se estamos tão melhores como achamos que estamos, pois do lado de lá nossa consciência fica ampliada e enxergamos com outros olhos tudo o que devemos fazer, com os olhos bons mencionados por Jesus, olhos para ver. Aprendemos uma série de coisas que facilitarão a nossa vida do lado de cá e pensamos que já estamos muito melhores. Só que assim fica muito fácil, e nem sempre estamos tão bons quanto imaginamos. Aí é que entra a reencarnação, com sua grande característica, o esquecimento, pois quando reencarnamos nos encontramos com vários problemas não solucionados muito bem em outras circunstâncias, que agora deveríamos resolver de maneira melhor. Com o esquecimento, nem sempre conseguimos provar para nós mesmos se evoluímos. Passamos em algumas provas e ficamos de DP em outras.

A segunda é expiar. O que isso quer dizer? Quer dizer que fizemos coisas que nos remeteram para alguns débitos e, em nova reencarnação, precisaremos repará-los. Não vamos sofrer nem mais nem menos, simplesmente deveremos reparar o que fizemos de mal. Infelizmente, não gostamos de pagar e, por isso mesmo, deixamos para depois o que poderíamos fazer agora. Esse "deixar pra depois" é o grande problema, pois algo pequeno que poderia ser resolvido rapidamente se transforma em algo tão grande que nos traz aborrecimentos e desafios maiores do que precisariam ser. Isso quer dizer que sofremos, literalmente, porque queremos. Não conseguimos enxergar as chances de reconciliação oferecidas por Deus, por causa do orgulho imenso que ainda temos e nos faz ver as coisas somente de um lado: o nosso.

Em relação aos filhos, acontece o mesmo, eles estão aqui para executar o planejamento feito do lado de lá e contam com nossa ajuda para transformar isso em realidade.

Não sabemos exatamente o que eles vieram fazer, mas sabemos que confiaram em nós para tornar isso realidade.

Os planetas de provas e expiações são considerados verdadeiras escolas, pois viemos de um mundo primitivo onde não havia muito para se fazer, nos desenvolvemos e precisamos de novas experiências, essas experiências nos são oferecidas nesse tipo de planeta.

Por termos chegado mais cedo, temos uma experiência maior em relação à vida, o que nos coloca em posição de vantagem, a princípio. Temos mais conhecimento e mais experiência, o que nos faz servir de modelo aos que chegaram depois.

Nossos filhos, por esse mesmo motivo, estão iniciando o aprendizado proporcionado pela reencarnação. Portanto, ainda não têm a devida experiência e a vivência necessária para a solução de vários problemas, e cabe aos pais dar-lhes o apoio e exemplos para eles verem a vida de maneira a atingir os objetivos propostos.

Como todos sabem, o tempo passa, e com o passar do tempo vamos invertendo os papéis representados nesta grande aventura.

Com o passar do tempo, os filhos vão exercitando o conhecimento trazido, têm novos aprendizados e passam a agir de acordo com tudo isso. Precisamos aproveitar, como já dissemos, a infância, para apresentar tudo o que gostaríamos que eles aprendessem e que serve para sempre, ou seja, os valores que duram pela eternidade, sendo o principal deles o amor, que se transforma em todas as virtudes conhecidas.

Estamos todos numa grande escola e, de acordo com a ordem de chegada, passamos pelas fases de calouro e veterano. Podemos passar por elas de maneira a mostrar o quanto aprendemos e sermos felizes ou o quanto deixamos nos levar pelo egoísmo e o sofrimento que advém dessa postura diante da vida.

Nossos filhos e a mediunidade

A questão mediúnica na infância é muito importante, pois devemos entender o quanto é comum nessa fase. Temos exemplos disso em todas as famílias, e não tem nada a ver com religião, pois as crianças não deixam de ver espíritos e conversar com eles por serem desta ou daquela religião. Para as crianças, as religiões não existem, elas simplesmente exercitam a maior sensibilidade que têm, do lado de lá ou do lado de cá.

Podemos chamar espíritos de amigos invisíveis, anjos de guarda, seja lá o nome que queiram dar, o que interessa é que as crianças interagem com os dois lados de maneira muito fácil, simples e natural.

Não adianta os pais se irritarem ou ficarem amedrontados ou preocupados com o que este ou aquele vai falar, o que adianta é se colocarem ao lado do bom senso e entenderem o que está acontecendo. Para isso, só existe um caminho, o estudo dos fatos. Vejam bem, não há a mínima necessidade de mudar de religião para se obter esse conhecimento, o que precisamos é deixar de lado os preconceitos em relação a esta ou aquela religião e entender que todas elas nos ajudam e podemos nos relacionar com outros credos e crenças capazes de nos auxiliar no entendimento do que acontece nessa fase da vida, independentemente da religião professada no momento.

É importante notar que o acompanhamento profissional, seja por psicólogos ou psiquiatras, não deve ser descartado, pois existem distúrbios que se manifestam já em tenra idade, e todos os cuidados devem ser tomados para que nossos filhos tenham o melhor atendimento possível, tanto espiritual quanto médico.

Sobre nossos filhos

As crianças não herdam características psicológicas dos pais, somente as físicas.

Isso fica demonstrado durante todo o transcorrer da leitura. Não adianta procurarmos semelhanças psíquicas entre nós e nossos filhos. Claro que, o tempo, eles adquirem hábitos que consideramos como nossos. Nada mais é do que imitação, até que acabam ficando com características bem semelhantes às nossas. Isso se deve a um fator chamado afinidade, quando nossos gostos e estilos coincidem com os dos que estão conosco. E, como já estivemos juntos em outras oportunidades, é natural que algo sempre nos lembre este ou aquele.

A alma não é criada no momento da concepção ou do nascimento; ela tem uma biografia pessoal, vivências e experiências anteriores.

Fica claro no que expusemos no capítulo "Ideias Inatas" que a criação vem acompanhada de um período de desenvolvimento, pois só assim atingiremos o status de espírito puro. Essa constatação também demonstra a bondade e sabedoria de Deus, pois acaba com as injustiças que vemos por aí. Enquanto uns nascem dentro do que consideramos normalidade, outros nascem em condições bem precárias, tanto do ponto de vista físico quanto financeiro. Se fôssemos criados no momento da concepção ou do nascimento, não teríamos outra chance, pois o corpo é diferente do espírito, e isso seria, no mínimo, injusto. Porém não acontece essa injustiça, pois existe a reencarnação, a mais feliz e justa das ferramentas para conseguirmos atingir todo o nosso potencial.

A criança não é um anjinho inocente, é um ser em evolução, ligado a nós por vínculos ou compromissos.

A ideia que fazemos da infância é uma verdadeira quimera, pois idealizamos a criança que ali está como se fosse um anjo criado por Deus naquele momento, praticamente. O que acontece depois são coisas do tipo "filho criado, trabalho dobrado". Por quê?

Porque esquecemos que eles são espíritos como nós, que tiveram outras encarnações e, assim como nós, estão trabalhando em sua melhora e caminhando para a solução de compromissos com espíritos com quem virão a se relacionar.

Dentro desses relacionamentos estão os pais, irmãos, irmãs e tantos outros parentes e amigos, ou "desamigos", que cruzarão nosso caminho.

Para que tenhamos sempre a certeza de que serão "anjos", é necessário entendê-los em suas diversas fases e nos colocarmos à disposição para, quando preciso, oferecermos nossa ajuda e experiência.

Um trabalhador no plano espiritual de nome Augusto César Neto nos oferece palavras que facilitam nossa tarefa em relação à vida e, particularmente, no que diz respeito aos nossos filhos quando diz:

> "Todos podemos nos transformar, construindo em nós mãos de paz, se espalharmos a paz; verbos de luz, se cultivarmos a luz em nossas palavras; pés de alegria, se soubermos caminhar no rumo do bem; olhos e ouvidos de bênçãos, se nos dispusermos a abençoar sempre".

Evolução, dor e sofrimento

Quando casamos e constituímos família, precisamos estar atentos aos instrumentos de evolução que irão nos acompanhar. Esses instrumentos de evolução atendem por nomes... E sobrenomes.

São tantos os nomes à disposição que temos até dificuldade em escolher alguns deles, outras vezes nos deparamos com situações já evolutivas, nas quais o nome escolhido não é utilizado e optamos por outro, por livre e espontânea pressão do parceiro ou parceira.

O nome do parceiro ou parceira já é, em si mesmo, um dos nossos instrumentos de evolução.

Para evoluirmos, não precisamos sofrer, sofremos porque queremos. Sofremos porque não conseguimos entender que nada é feito para aumentar o nosso sofrimento, tudo é feito para conseguirmos atingir patamares mais elevados em nossa escala evolutiva.

Como atingiríamos esses índices mais elevados se não tivéssemos a ajuda desses "instrumentos de evolução"?

Por isso devemos agradecer, com veemência, a presença desses ilustres espíritos em nossas vidas e, principalmente, dentro de nossas famílias.

Aqueles que pensam que estão no planeta para sofrer estão redondamente enganados, pois esquecem que a dor existe, sim, mas o sofrimento é opcional. Devemos prestar um pouco mais de atenção no que o Espiritismo nos oferece.

O Espiritismo nos oferece conhecimento, e esse conhecimento é importante para que, aos poucos, possamos mudar nossa visão de mundo. Às vezes, temos a impressão de que o mundo nos sufoca, principalmente o mundo doméstico.

Isso acontece porque não conseguimos entender que Deus não nos cria para o sofrimento, pois isso não combina com os atributos que Ele tem.

Deus é todo-poderoso, tudo vê, tudo sabe. Está em todos os lugares possíveis e imagináveis deste Universo criado

por Ele. Será que Deus teria criado algum de seus filhos simplesmente para sofrer? Isso não cabe no pensamento de ninguém, principalmente porque contraria o fato de Deus ser justo. Como criar alguém simplesmente para sofrer? Impossível.

Também não é possível que Deus fique zangado conosco, pois o Espiritismo nos diz, com todas as letras, que Ele nos cria simples e ignorantes. Se nos cria dessa forma, é justo que não se zangue, da mesma maneira que não nos zangamos com as travessuras e erros de uma criança, pois sabemos que ela é ignorante, ou seja, não conhece uma série de facilitadores para a solução dos problemas que encontra.

É justamente por isso que Deus não se zanga conosco... Ele sabe que somos crianças. Eu arriscaria dizer que já não somos crianças, mas adolescentes, o que poderia ser levado em consideração, pois a adolescência é, realmente, um período dos mais difíceis que passamos em nossas existências.

Por isso, Deus não se mete em nossa vida para nos castigar ou nos premiar. Ele simplesmente nos oferece as oportunidades para, sozinhos ou acompanhados, podermos resolver nossas pendências, fazendo de modo diferente o que não fizemos muito bem em outras épocas e tratando de aumentar o que fizemos de bom.

Quando conseguimos compreender isso, as circunstâncias ficam mais tranquilas, pois sabemos que não estamos sendo castigados por estarmos dentro de uma família que, muitas vezes, nos oferece experiências que nós mesmos acabamos transformando em sofrimento. Esse sofrimento só acontece porque não conseguimos entender o que nos foi proposto.

É claro que, quando pensamos na família do vizinho, temos nossas dúvidas, pois a nossa visão é muito míope, não conseguimos enxergar além das aparências. As aparências nos enganam, pois somente vemos o que nos é mostrado, não o que vivemos.

Os filhos do vizinho nos tratam bem, nos momentos em que os vemos, mas não sabemos como é o relacionamento dentro da casa deles, no dia a dia. O próprio vizinho é visto, pela nossa família, como uma pessoa muito melhor que nós mesmos, e isso só acontece porque o contato é sempre superficial, acontecendo a mesma coisa em relação à vizinha, que sempre está com um sorriso, tranquila, equilibrada, descontraída.

Basta passarmos um dia em casa alheia para vermos e termos a certeza de que família é tudo igual... Só muda de endereço.

Em todas as famílias encontramos espíritos, seres inteligentes da criação, que, por isso mesmo, contam consigo e com as experiências oferecidas para lograrem êxito na caminhada rumo à perfeição.

Espíritos são diferentes uns dos outros, porque Deus é um criador de excepcionais qualidades, conseguindo nos fazer completamente diferentes e, ao mesmo tempo, completamente iguais diante da paternidade divina que temos.

O que nos diferencia ao longo da caminhada são as experiências que vamos tendo e as respostas que vamos dando aos questionamentos recebidos durante essas vivências.

Supervalorizamos outras famílias, desvalorizamos a família que temos e ainda nos achamos no direito de duvidar da grandeza de Deus ao questionar sobre o merecimento dessa situação.

Como já dissemos, Deus é justo e não nos daria o que não fosse de nosso merecimento, o que nos dá a ideia de, realmente, merecermos tudo o que acontece em nosso lar.

Os instrumentos de nossa evolução, atendam pelo nome que em cada lugar eles atendam, estão aí para pôr à prova nossa capacidade de gestão quanto a todos os acontecimentos que possam vir a ocorrer dentro de casa.

Às vezes, nos pegamos surpresos, pois não conseguimos atinar como pedimos tanto de uma só vez. Isso é explicado pela nossa pressa em resolver todos os problemas. Tanto lá quanto cá. Usamos a pressa em vez de utilizarmos o bom senso.

Isso fica claro quando começam a chegar os filhos e percebemos que exageramos... Poderíamos ter dois ou três, estaria de bom tamanho, mas insistimos em ter mais, e assim por diante.

Quando na erraticidade[2], tudo nos foi proposto, fizeram-nos vislumbrar todas as possibilidades, nos deram a entender que não precisaríamos fazer tudo de uma vez, mas não acreditamos e, por não acreditar, acabamos muitas vezes metidos em complicações que poderíamos ter evitado.

Basta observarmos, matematicamente, que é bem mais fácil educar dois ou três filhos do que seis.

O exagero acontece porque não usamos o bom senso, como foi dito, porque achamos que podemos tudo, porque não contamos com o imprevisto de que cada filho terá as próprias metas, terá as próprias opiniões, terá, enfim, a própria história.

Claro que não somos desamparados em nenhum momento de nossa experiência reencarnatória, tampouco o serão os que nos acompanham... Mas, convenhamos, tudo seria muito mais fácil se dividíssemos as tarefas e os objetivos para duas ou três encarnações.

---

[2] **Nota da Editora:** Erraticidade, tempo em que o espírito fica entre uma e outra encarnação.

O importante, sempre, é que façamos o nosso melhor e não soneguemos carinho, atenção e, principalmente, oportunidades para ninguém.

Os bons momentos do namoro são para que nos conheçamos e tomemos a decisão sobre caminhar juntos. Contamos com o apoio da espiritualidade para tudo dar certo nesses momentos... Ou será que tudo acontece por acaso?

Claro que não existem acasos, o que existe é a transformação do nosso planejamento em realidade, e, para isso, a espiritualidade é pródiga em nos mostrar melhores do que somos, ou não daria certo.

Ficamos meio míopes na fase do namoro e só conseguimos ver qualidades boas na pessoa que nos acompanhará estrada afora.

E vejam o benefício disso. Dessa forma, não conseguimos ver o que nos ligara anteriormente, sejam situações boas ou não tão boas assim.

Quando finalmente conseguimos passar para a outra fase, ou seja, a vida em comum, os problemas se acumulam, e as circunstâncias já não são tão cor-de-rosa.

O que antes era encantamento passa a ser visto com os olhos da realidade, e a realidade nem sempre é um conto de fadas. O príncipe pode ser um sapo, e a princesa pode ter verruga no nariz.

É importante termos certeza do caminho, pois o caminho não é simples, não é fácil e não é tranquilo, mas, se quisermos superar as dificuldades, precisaremos caminhar juntos e atualizar nossos mapas, muitas vezes ajustando a rota dentro das possibilidades oferecidas em situações novas ou recalculando as forças para que possamos transpor obstáculos não imaginados e mais difíceis.

Dentro dessas situações surgem os conflitos, os problemas, e não há família que não os tenha. Muda a intensidade, muda a maneira como são resolvidos, mas toda família os tem.

As discussões decorrem da maneira como encaramos as situações. Como somos diferentes, cada um tem sua maneira de enxergar o mundo, e isso não é privilégio de pais ou mães; todos, todos mesmo, têm seu modo de ver o mundo.

Isso faz com que as opiniões sejam diferentes, e, por conseguinte, o conflito pode se instalar, pois, muitas vezes, não conseguimos admitir que o outro esteja certo, e nós não.

É comum acontecerem conflitos entre pais e filhos durante a escolha da carreira que os filhos pretendem seguir. Os filhos vão pelos talentos que têm, pelas afinidades, expectativas em relação a esta ou aquela carreira, e os pais vão mais pelo senso prático, pelo que deu certo com eles.

Claro que não devemos desprezar a opinião dos pais, mas não devemos desprezar a opinião e a tendência natural dos filhos para esta ou aquela profissão.

É importante que entendamos que o que deu certo conosco talvez não dê certo com os nossos filhos, e o que não deu certo talvez dê.

Entendamos que as experiências são pessoais e intransferíveis, ou seja, a cada um o que é de cada um.

Quando nos colocamos de maneira inconveniente na vida do próximo, na vida de nossos filhos, ficamos com uma possibilidade muito grande de nos envolver em embates e problemas.

Isso se dá porque cada um deve tomar as decisões mais apropriadas para sua vida. É claro que não devemos desamparar nossos filhos e é claro, também, que os filhos devem levar em consideração as palavras ponderadas e, muitas vezes, embasadas em experiências vistas ou vividas, dos pais, mas a decisão deve ser única e exclusivamente do interessado.

Quando existem muitas divergências e problemas em uma família, algo está muito errado e sem propósito.

Algo precisa ser feito, e é importante que seja feito o mais rapidamente possível, pois, para uma família conseguir levar adiante a possibilidade de melhora em termos evolutivos, proporcionando a seus membros experiências que contribuirão para o melhor desempenho espiritual, faz-se necessário minimizar os conflitos e otimizar as relações familiares.

Para isso precisamos respeitar os que estão conosco, respeitar a liberdade de cada um de nós diante da vida e do que escolhemos para esta encarnação.

Otimizar é um verbo relativamente novo no vocabulário de todos. Hoje em dia, o ideal é que otimizemos nossas atividades, ganhando excelência em vários quesitos. É o que se pede nas empresas. Já não basta fazermos nossa parte, é necessário que a façamos cada vez melhor.

As empresas buscam o lucro. É natural que seja assim, afinal foram criadas para oferecer seu melhor, e o melhor de cada empresa começa no comprometimento de cada um de seus colaboradores. Isso alavanca a participação da empresa, e, consequentemente, nossa participação nos lucros.

Claro que a família não é uma empresa como as que estamos acostumados pela definição, mas isso não impede que coloquemos nosso melhor para vivermos bem em relação a nós mesmos, participantes da família.

Uma empresa busca identificar os problemas que enfrenta para vencê-los, e só consegue isso porque analisa os resultados obtidos, verifica seus pontos fortes e os pontos não tão fortes. Os pontos fortes continuam a ser utilizados e aperfeiçoados. Os pontos não tão fortes passam por uma análise a fim de identificar os "porquês" de tão fraco desempenho.

Na família podemos proceder da mesma maneira. Afinal, mesmo não sendo uma empresa comercial, é uma empresa formada para vivermos melhor; nos associamos a ela para retirar de cada um de nós o melhor que temos. Só conseguiremos esse feito se nos colocarmos de frente para os problemas que surgem diariamente.

Tanto na empresa formal quanto na família, o objetivo é o mesmo: lucro. Muda a moeda. Nas empresas a moeda é medida em reais, dólares ou seja lá o que for. Na família existe uma única moeda que nos garante o lucro: o amor.

Assim como tudo em nossa existência, o exercício é de suma importância, pois não nascemos sabendo. Como já dissemos, somos criados simples e ignorantes e vamos aprendendo, por meio do exercício, das experiências que nos são dadas, a aumentar a nossa capacidade em tudo o que fazemos.

Com o amor não poderia ser diferente. Seria injusto, pois, à medida que vamos evoluindo, aumenta a nossa visão e passamos a amar mais e melhor.

Funciona, mais ou menos, como um livro que lemos e relemos, e a cada nova leitura parece que o livro se renova e nos mostra ângulos para os quais não tínhamos atinado quando da leitura anterior.

Tudo na nossa vida é assim. Basta observarmos nossa vida escolar. Ninguém chegará à universidade se não se matricular primeiro no Ensino Fundamental.

Com as virtudes e sentimentos é igual. À medida que as exercitamos, nos capacitamos a oferecer mais, até que atinjamos o nível do automatismo e não seja preciso mais nada, a não ser utilizar a conquista efetivada. Não precisaremos mais escolher este ou aquele para amar, amaremos indistintamente, como nos pede Jesus.

Interessante notar que Jesus era perseguido e colocado à prova sempre. Bastava a multidão se aglomerar para ouvi-lo, e, quase imediatamente, surgiam os do Sinédrio, com suas perguntas capciosas e suas tentativas de colocá-lo contra a lei estabelecida.

Numa dessas reuniões, aparecera um doutor da lei, questionando Jesus sobre como alcançar a vida eterna. A intenção era clara, colocá-lo contra o que estava nas Escrituras, mas Jesus não se deixou envolver, e o diálogo seguinte foi travado:

> "E eis que se levantou um certo doutor da lei, tentando-o, e dizendo: 'Mestre, que farei para herdar a vida eterna?'. E ele lhe disse: 'Que está escrito na lei? Como lês?'. E, respondendo, ele disse: 'Amarás ao Senhor teu Deus de

todo o teu coração, e de toda a tua alma, e de todas as tuas forças, e de todo o teu entendimento, e ao teu próximo como a ti mesmo'. E disse-lhe: 'Respondeste bem; faze isso, e viverás'".

Lucas 10:25-28

Podemos perceber que Jesus, como ele mesmo disse, não veio derrubar a lei. Ao contrário, veio dar-lhe cumprimento. Só que a Lei observada pelos doutores da lei e pelos escribas era a lei da cerimônia, a lei das aparências, a lei do "meu igual".

Jesus, ao contrário, veio trazer a lei para todos, iguais e desiguais. A lei em questão não era para alguns somente, mas universal. A lei trazida por Jesus nada mais é do que o amor do Pai, infinito em sua bondade e justiça.

Jesus é enfático quanto à questão do amor. Além da parábola do bom samaritano, ele fala em várias outras passagens do amor como fator preponderante na evolução do ser. Quando se despediu de seus apóstolos, não fez outra coisa senão conclamá-los a se amarem, como ele os amava. Disse mais: só seriam reconhecidos como seus discípulos se levassem a sério a tarefa de amar.

Tanto os seguidores de então quanto os seguidores de agora encontram muita dificuldade para amar, para compreender que só o amor nos levará à plenitude como espíritos.

Existe uma razão para isso. A razão é o nosso nível de evolução, pois, à medida que vamos evoluindo, o entendimento do amor fica maior.

Essa é a razão de existir tanta disparidade em relação ao amor, pois vemos pessoas que somente amam plantas, outras que amam animais e ainda outras que distribuem o amor nessas frentes, mas sem tanta convicção.

Quando olhamos de fora, ficamos preocupados com a possibilidade de uma pessoa amar somente plantas, mas a explicação é justamente essa, o nível de entendimento que ela tem do amor.

O mesmo se diz das outras pessoas em suas características de amar.

A coisa fica ainda pior quando tratamos do próximo na segunda lei. Enquanto estamos falando de amar a Deus, a coisa anda maravilhosamente bem, pois é muito fácil amar a Deus. Ele nos criou. Ele nos oferece tudo o que temos. Ele está em tudo. Ele sabe tudo. Ele pode tudo.

Fica fácil, pois não temos a mínima condição de colocarmos empecilho a esse amor e, mesmo assim, ainda encontramos pessoas que dizem que Ele não existe. Deus nem fica preocupado com isso, pois sabe que, mais dia menos dia, todos chegarão à conclusão de que Ele existe, pelo simples fato de não haver efeitos sem causa. Se não sabemos como Ele é, podemos ter uma ideia observando a Criação.

O problema todo está em amar ao próximo. Muitas vezes não conseguimos entender como alguém pode ser nosso próximo sendo tão diferente de nós mesmos. Não conseguimos entender que somos iguais na paternidade divina. Não conseguimos entender que ninguém precisa pensar como nós. Não conseguimos entender que existem muitas maneiras de atingir um objetivo, e cada um usa para isso as experiências que possui.

Pela própria diversidade do amor, ficamos confusos, ficamos meio perdidos. No entanto, temos em Paulo de Tarso a solução para nossos problemas em relação ao amor, pois ele nos descreve o amor em todos os seus matizes.

Primeira Carta de Paulo aos Coríntios

"Ainda que eu falasse as línguas dos homens e dos anjos, e não tivesse amor, seria como o metal que soa ou como o sino que tine.

E ainda que tivesse o dom de profecia, e conhecesse todos os mistérios e toda a ciência, e ainda que tivesse toda a fé, de maneira tal que transportasse os montes, e não tivesse amor, nada seria.

E ainda que distribuísse toda a minha fortuna para sustento dos pobres, e ainda que entregasse o meu corpo para ser queimado, e não tivesse amor, nada disso me aproveitaria.

O amor é sofredor, é benigno; o amor não é invejoso; o amor não trata com leviandade, não se ensoberbece.

Não se porta com indecência, não busca os seus interesses, não se irrita, não suspeita mal; Não folga com a injustiça, mas folga com a verdade; Tudo sofre, tudo crê, tudo espera, tudo suporta.

O amor nunca falha; mas, havendo profecias, serão aniquiladas; havendo línguas, cessarão; havendo ciência, desaparecerá;

Porque, em parte, conhecemos, e em parte profetizamos; Mas, quando vier o que é perfeito, então o que o é em parte será aniquilado.

Quando eu era menino, falava como menino, sentia como menino, discorria como menino, mas, logo que cheguei a ser homem, acabei com as coisas de menino. Porque agora vemos por espelho em enigma, mas então veremos face a face; agora conheço em parte, mas então conhecerei como também sou conhecido.

Agora, pois, permanecem a fé, a esperança e o amor, estes três, mas o maior destes é o amor."

1 Coríntios 13:1-13

Paulo de Tarso, em sua Primeira Carta aos Coríntios, nos oferece a receita do que é o amor, de que maneira devemos entender o amor. Prestemos atenção e descobriremos, com facilidade, quais quesitos encontramos nessa carta que podemos colocar em nossas vidas.

De modo geral, Paulo de Tarso descreve o amor em suas características, que são as seguintes: paciência, gentileza, humildade, respeito, altruísmo, perdão, honestidade e compromisso.

Vamos lá?

Paciência

Significado: s.f. Virtude que faz suportar com resignação a maldade, as injúrias, as importunações etc.

Todos nós temos paciência... Mas ainda não na medida de que necessitamos. Temos paciência em algumas situações da vida, não em todas.

Isso é natural, pois, como não canso de falar, tudo nesta vida é exercício. Paciência não poderia fugir a essa regra. Notemos que somos capazes de verdadeiros gestos de paciência quando nos convém.

Paciência nada mais é do que o exercício do autocontrole, ou seja, precisamos nos controlar e a mais ninguém. Não temos que ficar preocupados com a paciência do outro, mas sim com a nossa.

Para que tenhamos esse autocontrole, devemos controlar o impulso, precisamos administrar nossa vontade de reagir e agir. Para isso, temos alguns recursos como contar até doze. Note bem: contar até doze... Pois, se contarmos só até dez, não conseguiremos segurar o ímpeto emocional que provocamos. Isso se explica pelo fato de nosso cérebro necessitar de, no mínimo, doze segundos para processar a informação, compreendê-la e responder. Quando não esperamos os segundos indispensáveis, falamos demais, falamos alto demais, e reagimos à situação que nos foi colocada com outra, provavelmente no mesmo tom, mas sem a eficácia necessária.

Entendamos que há situações nas quais conseguimos dominar nossos impulsos quase que totalmente. Esses momentos são aqueles em que conseguimos atinar com o que está acontecendo, o que pode nos acontecer e, a partir daí, tomamos as ações imprescindíveis para que o melhor se processe.

Uma dessas situações ocorre quando somos chamados pelo chefe para explicar algo ou, simplesmente, para ele nos dar uma bronca daquelas que desandam com qualquer um.

Nessa situação nós ouvimos, não reclamamos, nos tornamos dóceis aos conselhos do chefe, patrão, seja lá quem for. Por quê?

Porque não queremos perder o emprego, afinal já estamos acostumados com o dinheiro no início do mês e sabemos o quanto ele nos fará falta. Por isso aceitamos as admoestações que nos fazem.

O mesmo não acontece na maioria dos lares, pois os maridos, particularmente, pensam que o emprego de marido é vitalício... Enganam-se, pois ninguém é obrigado a ouvir coisas que não merece ou desrespeitosas, passar por maus tratos e assim por diante.

É no lar que necessitamos, mais que em qualquer outro lugar, exercer o autocontrole, controlar os impulsos que temos de gritar, de responder sem pensar, de colocar em cima dos que estão ali as culpas de tudo o que nos acontece fora de casa.

Precisamos entender que estamos juntos para nos harmonizar, e não para brigar. Contar até 12... Lembra?

Normalmente nós reagimos às situações com que nos defrontamos, mas o ideal é que nós ajamos, e, para isso, só raciocinando. Esses dois segundos a mais nos permitem o raciocínio. Raciocinando, teremos uma resposta mais adequada.

A resposta pode nem ser a melhor que poderíamos dar, mas é a melhor para a situação que nos foi apresentada. Dessa maneira, magoaremos menos os que estão conosco, transformando, aos poucos, nosso lar em um lugar onde gostaremos de estar.

O controle do impulso nos transforma em pessoas previsíveis, o que faz com que os outros tenham confiança maior para nos contar o que está acontecendo com eles. Quando não demonstramos essa qualidade, não nos contam o que está acontecendo. Nesse caso, vão procurar outras pessoas para se abrir. E nem sempre são as mais indicadas para aconselhá-los em momentos difíceis.

Casos relacionados a drogas e gravidez na adolescência exigem essa tranquilidade em relação aos fatos, pois já estão consumados.

O caso das drogas é, sem sombra de dúvida, dos mais dolorosos, e aparece porque o diálogo deixou de existir, abrindo brechas na estrutura familiar e facilitando o acesso de elementos que se aproveitam da fragilidade temporária das pessoas para induzi-las ao erro.

Ao constatarmos a presença das drogas em nossa família, devemos procurar ajuda imediatamente e não tentar tapar o Sol com a peneira. As drogas são uma ameaça da qual não poderemos nos defender se não agirmos rápida e efetivamente.

Os acompanhamentos psicológico e médico se fazem indispensáveis, pois darão para a família a possibilidade de enfrentar a prova com mais discernimento e bom senso.

Não somos fortes o bastante para enfrentar esse tipo de problema sozinhos. Nossa condição de pai e mãe nos coloca na linha de frente dessa batalha, e o primeiro passo para a vitória é admitir que estamos com problemas e procurar ajuda.

Existem muitas instituições não governamentais que podem nos auxiliar. Encontramos várias na internet. Além disso, o governo mantém programas para auxiliar nos tratamentos de vícios relativos a vários tipos de droga, inclusive o tabagismo e o alcoolismo.

Gravidez na adolescência é outro caso em que precisamos usar de muito bom senso, principalmente porque a vida já está instalada. Não existe a possibilidade, em sã consciência, de frustrar o prosseguimento da gestação, e, por isso, temos que administrar com muito amor essa situação, pois, queiramos ou não, um espírito está tendo a oportunidade de reencarnar, e precisamos oferecer as melhores condições para essa encarnação ser a mais produtiva possível.

Outra questão que traz sérias consequências quando não administrada com equilíbrio é a da homossexualidade.

Ela pode manifestar-se, segundo os psicólogos, a partir dos cinco anos, idade em que vamos percebendo, em nossos filhos e filhas, comportamentos que não achamos tão naturais assim.

É importante lembrar que somos espíritos, para que nossas reações em relação a essa possibilidade não inviabilizem todo um planejamento, pois sabemos que, independentemente da maneira como expressamos a sexualidade, podemos desenvolver as experiências reencarnatórias transformando nossas vidas para melhor.

A questão do sexo dos espíritos é tratada nas questões 200 a 202 em *O Livro dos Espíritos*, como segue:

> **200.** Os Espíritos têm sexo? – Não como o entendeis, porque o sexo depende do organismo físico. Existe entre eles amor e simpatia, mas fundados na identidade dos sentimentos.

> **201.** O Espírito que animou o corpo de um homem pode, em uma nova existência, animar o de uma mulher e vice-versa? – Sim, são os mesmos Espíritos que animam os homens e as mulheres.

> **202.** Quando está na erraticidade, o Espírito prefere encarnar no corpo de um homem ou de uma mulher? – Isso pouco importa ao Espírito.

Depende das provas que deve suportar. Os Espíritos encarnam como homens ou mulheres, porque não têm sexo. Como devem progredir em tudo, cada sexo, assim como cada posição social, lhes oferece provas, deveres especiais e a ocasião de adquirir experiência. Aquele que encarnasse sempre como homem apenas saberia o que sabem os homens.

Nos diz Emmanuel, pela psicografia de Chico Xavier, no livro *Vida e Sexo*:

"A coletividade humana aprenderá, gradativamente, a compreender que os conceitos de normalidade e de anormalidade deixam a desejar quando se trate simplesmente de sinais morfológicos, para se erguerem como agentes mais elevados de definição da dignidade humana, de vez que a individualidade, em si, exalta a vida comunitária pelo próprio comportamento na sustentação do bem de todos ou a deprime pelo mal que causa com a parte que assume no jogo da delinquência. A vida espiritual pura e simples se rege por afinidades eletivas essenciais; no entanto, através de milênios e milênios, o Espírito passa por fileira imensa de reencarnações, ora em posição de feminilidade, ora em condições de masculinidade, o que sedimenta o fenômeno da bissexualidade, mais ou menos pronunciado, em quase todas as criaturas".

Mais adiante, nos explica:

> "Obviamente compreensível, em vista do exposto, que o Espírito no renascimento, entre os homens, pode tomar um corpo feminino ou masculino, não apenas atendendo-se ao imperativo de encargos particulares em determinado setor de ação, como também no que concerne a obrigações regenerativas. O homem que abusou das faculdades genésicas, arruinando a existência de outras pessoas com a destruição de uniões construtivas e lares diversos, em muitos casos é induzido a buscar nova posição, no renascimento físico, em corpo morfologicamente feminino, aprendendo, em regime de prisão, a reajustar os próprios sentimentos, e a mulher que agiu de igual modo é impulsionada à reencarnação em corpo morfologicamente masculino, com idênticos fins".

Não é somente em casos de expiação que passamos por esse tipo de experiência, mas também para nosso crescimento, pois não acumularíamos o conhecimento necessário sem passarmos pelas experiências que poderemos ter em cada uma de nossas polaridades. Diz Emmanuel:

> "O homem e a mulher serão, desse modo, de maneira respectiva, acentuadamente masculino ou acentuadamente feminina, sem especificação psicológica absoluta. A face disso, a individualidade em trânsito, da experiência feminina para a masculina ou vice-versa, ao envergar o casulo físico, demonstrará fatalmente os traços da feminilidade em que terá estagiado por muitos séculos, em que pese ao corpo de formação masculina que o segregue, verificando-se análogo processo com referência à mulher nas mesmas circunstâncias".

Quem nos fala sobre homossexualidade, de maneira sensata, em artigo publicado em seu site, no dia 18 de abril de 2011, é o Dr. Dráuzio Varella:

"Até onde a memória alcança, sempre existiram maiorias de mulheres e homens heterossexuais e uma minoria de homossexuais. O espectro da sexualidade humana é amplo e de alta complexidade, no entanto; vai dos heterossexuais empedernidos aos que não têm o mínimo interesse pelo sexo oposto. Entre os dois extremos, em gradações variadas entre a hetero e a homossexualidade, oscilam os menos ortodoxos.

Como o presente não nos faz crer que essa ordem natural vá se modificar, por que é tão difícil aceitarmos a riqueza da biodiversidade sexual de nossa espécie? Por que insistirmos no preconceito contra um fato biológico inerente à condição humana?".

Em todos esses casos, é necessário que continuemos dialogando com nossos familiares em qualquer situação e a qualquer tempo, pois só com o diálogo conseguiremos estar ao lado de nossos filhos e parentes, evitando situações que levam a família, muitas vezes, ao desespero.

Enfrentar os problemas com bom senso e raciocínio é fundamental para que não nos isolemos em relação à família, pois, quando não participamos da vida familiar como um todo, ficamos de lado, e, a verdade é bem essa, ninguém gosta de sentir-se isolado.

Gentileza

Significado: s.f. Delicadeza, amabilidade, cortesia: cumula os hóspedes de gentilezas. Graça, elegância, galanteria, garbo: ninguém o excede em gentileza.

A definição de gentileza é simples e objetiva: não temos o que errar... E como erramos! Erramos porque não damos o devido valor às pessoas que estão conosco dentro da família, erramos porque pensamos que está fora de moda ser gentil, erramos porque não queremos que nos tomem por molengas, por românticos inveterados e fora de moda, ora, desde quando ser romântico e gentil está fora de hora?

Vejam que não é nada difícil ser gentil, mesmo nos nossos dias, mesmo com essa vida agitada que levamos, mesmo com o bombardeio de informações a cada segundo.

Mesmo com tudo isso, ainda é possível ter, durante o dia, atitudes que transformam um simples gesto em gentileza, sem esforço, sem que façamos nada demais, simplesmente notando as pessoas que estão ao nosso lado.

O que as pessoas mais gostam é de serem notadas quando estão com algo diferente, nisso todos nós somos iguais.

Todos gostam que se comente quanto ao corte de cabelo, se ficou bom, se está de acordo com o tipo de rosto, se está de bom tamanho, enfim, gostamos de ser notados, particularmente as mulheres, que têm muito mais objetos para serem notados do que os homens.

Mulheres têm cabelo, maquilagem, sapato, roupa e tantas coisas sobre as quais podemos tecer comentários elogiosos, desde que justificados. É muito simples e prazeroso, tanto para quem faz o comentário como para quem o recebe. Isso não quer dizer que devamos viver elogiando as pessoas indiscriminadamente, mesmo porque nem só de elogios vivem as pessoas, mas convenhamos que um elogio é sempre bem-vindo, além de um grande facilitador das relações interpessoais.

Prestar atenção às pessoas é fundamental para que essas relações interpessoais, seja em família ou no ambiente corporativo, produzam efeitos benéficos, pois esse fato faz com que as vejamos de maneira diferente, realçando os aspectos positivos. Realçar os pontos positivos daqueles com quem convivemos é fundamental para estabelecermos relações de empatia e simpatia, que muito nos facilitam a vida em comum.

Além de prestarmos atenção às pessoas, é interessante que as encorajemos nas suas ações, para que percebam que são capazes de realizar o que nem desconfiavam poder. Esse encorajamento é fundamental desde tenra idade, pois com os incentivos criamos dentro de nós condições de confiança e autoestima importantes durante toda a trajetória reencarnatória.

Um filho encorajado a tomar decisões desde pequeno e arcar com as consequências de suas decisões será, com certeza, um adulto mais motivado, mais confiante e mais responsável diante da vida.

O encorajamento deve estar, sempre, de acordo com as possibilidades de cada um, pois sabemos que cada pessoa tem um nível de evolução e entendimento, e isso deverá ser levado em consideração para evitarmos frustrações e desencantamentos por não haver conseguido realizar isto ou aquilo, provocando rupturas no processo de crescimento emocional.

Quando pensamos nesse tipo de situação, vemos que pequenos gestos de gentileza são, na verdade, exercícios de amor.

Pequenos exercícios que não nos custam um único centavo e estão ao alcance de todos, mesmo daqueles não afeitos a gestos de carinho.

Esses gestos nos trazem grandes recompensas, como melhor ambiente familiar, mais diálogo, mais confraternização, mais bem-estar, mais saúde! Em resumo: são pequenas atitudes que nos beneficiam com grandes resultados!

Existem pessoas que não tomam essas atitudes, pois querem que os outros as façam, esquecendo que não precisamos esperar que ninguém melhore para que nós mostremos o quanto já melhoramos. Portanto, tomemos a iniciativa.

Tomar a iniciativa é não esperar que o outro responda de imediato às nossas "investidas" de carinho. É entender que cada um tem uma maneira de encarar a vida e não desistir nunca de gestos que possam melhorar o relacionamento e o ambiente em todos os lugares onde estivermos.

De tanto exercitarmos esses pequenos gestos, eles passam a ser da nossa natureza e, com certeza, impregnarão os que nos rodeiam, facilitando, assim, que eles também tomem esse tipo de atitude.

Outra coisa muito importante no dia a dia é o uso frequente e consistente de palavras "mágicas": obrigado, desculpe, errei, bom dia, como você está?, e assim por diante.

Aproveitem a frase magistral de Luiz Fernando Veríssimo:

> "O casamento é uma relação entre duas pessoas, onde uma está sempre certa, e a outra... bom, a outra é o marido!".

Humildade

Significado: s.f. Ausência completa de orgulho.

Nesta questão é necessário ter em mente que humildade não está relacionada com o poder aquisitivo da pessoa. Alguém pode não ter dinheiro e não ser humilde, e o contrário também é verdadeiro: alguém pode ter dinheiro e não ser orgulhoso, ou seja, dinheiro só define o status financeiro da pessoa, mas não a capacidade de entendimento de sua situação ou da sua relação com o próximo.

O que é, então, humildade? A resposta é simples: ausência de orgulho, pois não há nada que esteja mais em desacordo com a humildade do que o orgulho. O orgulho é, segundo *O Livro dos Espíritos*, o maior mal que podemos ter dentro de nós, pois ele se instala de maneira sutil e não o notamos, o que dificulta a nossa melhora.

Em outras palavras, humildade é saber até onde podemos ir. Veja que interessante, pois esse saber se aplica a tudo: desde a parte financeira, passando pelas nossas capacitações, indo até nossos relacionamentos e até o que conhecemos e pensamos dominar.

Isso quer dizer que precisamos tomar cuidado para não darmos passos maiores do que a perna em relação a tudo.

Não gastarmos mais do que ganhamos, não pensarmos que sabemos mais do que sabemos e, principalmente, admitirmos isso.

Quando admitimos que não sabemos tudo e não temos todo o dinheiro do mundo, estamos nos candidatando à humildade, que vai se instalando dentro de nós e vai se revelando por meio de pequenas atitudes que surpreenderão a todos, principalmente os que estão conosco diariamente.

Quando sabemos quais são os nossos limites, não temos nenhum constrangimento em admitir que não sabemos tudo e, melhor ainda, não ficamos melindrados com ajuda de terceiros, que, nos vendo em dificuldade, buscam nos ajudar.

Admitir que não sabemos algo é o primeiro grande passo para adquirir o conhecimento que ainda não temos.

Da mesma forma como encaramos os companheiros que podem nos ajudar sem nenhum constrangimento, também no lar devemos mostrar essa mesma disposição, pois, como sabemos, os mais jovens têm conhecimentos de que nós nem suspeitávamos tempos atrás, e isso só nos ajuda, pois conseguiremos, dentro de nossos lares, respostas para muitas questões que nos afligem.

Entender que o espírito que somos tem capacidades e experiências diferentes daquelas de quem está conosco nos ajuda tanto a ensinar como a aprender.

Admitir que não sabemos, em relação aos filhos, nos coloca em posição de igualdade e, assim, forma-se um vínculo de solidariedade e fraternidade, pois percebem que, apesar disso, temos muito a ensinar e aprender.

Esse é o fato principal para pedirmos opinião em assuntos de interesse geral para a família.

Cada um de nós tem uma maneira diferente de encarar o mundo, e, por isso, o leque de soluções aumenta quando todos têm participação assegurada nas decisões da casa.

Muitas vezes tomamos decisões que se mostram erradas com o desenrolar dos fatos, essa é a hora em que devemos mostrar quão humildes somos, essa é a hora de admitir o erro cometido, buscar soluções de consenso e continuar a vida, pois, como sabemos, o tempo não para, e um erro não pode nos imobilizar dentro do processo evolutivo que estamos levando a efeito.

O admitir os erros mostra, primeiro a nós mesmos e depois aos que estão conosco, que não somos infalíveis, que somos seres humanos dotados de todas as faculdades sim, mas que ainda estamos em processo de aprendizado e, por isso, erramos e consertamos os erros.

Respeito

Significado: s.m. Ação ou efeito de respeitar.

Respeito é, sem dúvida, dar a devida importância às pessoas. Não pelo que elas têm, não pelos cargos que ocupam, não pelas aparências, mas pelo que são, e, todos nós sabemos, somos filhos de Deus.

O respeito deve fazer parte da nossa vida em todos os segmentos de atividade em que estejamos empenhados, sejam profissionais, voluntários ou familiares.

Em nossa casa, principalmente, o respeito deve ser levado a sério, pois estamos juntos não por acaso, mas por um planejamento rigoroso e detalhado que nos colocou lado a lado com afetos e desafetos para que tenhamos novas chances de realizar o que não fizemos tão bem em outras épocas.

Uma das formas mais importantes de mostrar respeito pelos que estão conosco é delegar responsabilidades para todos, levando em conta a capacidade de cada um, suas particularidades e gostos.

Nessa delegação devemos contar com todos, simplesmente todos, do mais novo até o mais velho, entendendo que devem exercitar o livre-arbítrio, pois são as escolhas que vão fazendo com que acertemos cada vez mais.

Incentivar o livre-arbítrio requer mais do que simplesmente deixar acontecer para depois ver como ficou. Isso é desleixo, pois, em idades nas quais ainda não temos experiência de vida suficiente, podemos fazer opções desastrosas. Incentivar o livre-arbítrio é, também, fazer o acompanhamento para ver se as decisões estão sendo feitas com critério e se os resultados estão dentro do esperado.

Não podemos exigir que todos escolham como nós, mas podemos orientar e nos colocar à disposição para dirimir as dúvidas que, certamente, surgirão.

Respeito não é dever, é direito. Todos nós temos direito ao respeito que nos é devido. Somos seres humanos, cidadãos, e não podemos nos conformar com a falta de respeito que, muitas vezes, atinge quem está conosco, em qualquer idade que esteja.

Quando nos sentirmos desrespeitados, deveremos buscar esse direito, acionando os canais competentes para que nos auxiliem.

Também devemos ter essa postura de respeito a todo e qualquer semelhante, particularmente aos que estão conosco nesta caminhada, de forma tão próxima.

Altruísmo

Significado: s.m. Amor desinteressado ao próximo; abnegação; filantropia. (O contrário de egoísmo.)

Altruísmo, de acordo com a definição, é realmente auxiliar de maneira desinteressada ao próximo. A família é o lugar onde mais perto estamos de realizá-lo. Pais e mães realizam de maneira muito eficiente esse papel de altruísta no lar, e, particularmente, as mães conseguem levar esse papel às raias da sublimação.

Isso acontece porque as mães, com suas características, levam a efeito todo o amor e carinho de que dispõem.

Elas literalmente são capazes de ficar sem comer para que os filhos comam. Podemos estender esse comportamento para tudo o que aconteça com seus filhos.

Todos, com certeza, temos alguma história de nossas infâncias em que a mãe aparece como uma verdadeira heroína para nos salvar, ou aliviar a nossa fome, ou para nos tirar de alguma enrascada na qual tenhamos nos metido.

A figura da mãe realmente nos faz pensar em altruísmo. São feitas para isso, são colocadas ao nosso lado para nos sentirmos verdadeiramente amados por Deus, para termos a certeza de que alguém superior nos vela e está pertinho de nós.

Isso tudo faz parte das características do espírito com tendências femininas. Um dia todos nós teremos todas as características do espírito, seja ele com tendências masculinas ou femininas, é da Lei de Progresso que atinjamos todas as qualidades possíveis para que nos tornemos espíritos puros.

É uma questão de tempo, pois o quanto vamos levar até que isso seja realidade é de nossa decisão.

Para exercitarmos o altruísmo, não precisamos nos anular, deixar de viver... Não é isso que nos pedem. Simplesmente devemos colocar acima das nossas necessidades o próximo que está mais próximo, oferecendo tudo o que estiver ao nosso alcance para que as necessidades dele sejam atendidas da melhor maneira possível.

O altruísta também não fica preocupado se vão agradecer os esforços que fez, se vão retribuir de alguma forma no futuro... Simplesmente é altruísta... E ponto.

Honestidade

Significado: s.f. Qualidade do que é honesto, conforme a honra e a probidade: ser de uma honestidade a toda prova. Decoro, decência, probidade.

A honestidade parece estar esquecida para muitos, nestes tempos em que o importante parece ser, simplesmente, levar vantagem de todas as maneiras.

Vemos verdadeiros descalabros em praticamente todos os setores da sociedade, e, em alguns, o índice de desonestidade chega a ser assustador.

Quando vemos uma pessoa honesta ficamos admirados, não entendemos como é possível... Por que será que ele ou ela não ficou com isso ou com aquilo? Ninguém descobriria.

Temos notícias de pessoas que encontraram pequenas fortunas, capazes de acabar de vez com os problemas materiais que tinham, e preferiram, em vez disso, devolvê-las, procurando os verdadeiros donos.

Por que isso aconteceu? De onde tiraram essa honestidade?

Com certeza de exemplos que tiveram em tenra idade e que incorporam ao patrimônio espiritual.

Exemplos nos acompanham vida afora, sem que tenhamos necessidade de fazer qualquer esforço para imitar, pois já se encontram arraigados em nosso íntimo.

Exemplos de quem? Quando?

Na maioria das vezes, de pais e mães abnegados, que não tentavam tirar vantagem de ninguém, que eram honestos com todos e, principalmente, consigo mesmos. Pais e mães que não exigiam a mudança de ninguém, mas mudavam eles mesmos, para que os filhos e filhas tivessem em quem se espelhar vida afora.

Os exemplos oferecidos valem mais que muitos cursos feitos em universidades famosas, pois garantem colheitas em qualquer época de nossa existência, nesta ou em qualquer outra encarnação, pois não podemos esquecer que o espírito é imortal, e tudo o que conquista em termos morais é dele para sempre.

A honestidade não se prende a grandes coisas, grandes somas de dinheiro, mas a tudo. Devemos ser honestos com os que estão conosco, corrigindo quando preciso, orientando sempre e, principalmente, incentivando boas ações.

Em qualquer idade, os nossos filhos nos olham para ver o que estamos fazendo, como estamos nos comportando e, a partir dessas observações, traçam os seus próprios planos de ação. Filhos com bons exemplos dificilmente se deixarão arrastar por propinas, gestos impensados, caminhos tortuosos.

Se, apesar de todos os bons exemplos, ainda se deixarem arrastar pelas facilidades da vida, tenhamos a certeza de que as sementes que plantamos germinarão ainda e os trarão de volta para o caminho do bem, do amor, da esperança e da solidariedade.

Honestidade implica falar e fazer, pois só palavras não nos adiantam em termos de educação dos filhos. As palavras têm sua força, sim, mas somente fazer o que se fala é que nos garante seguidores em termos morais.

As nossas posições diante da vida precisam ser firmes em todos os sentidos, não nos deixando atrair por conveniências momentâneas que, muitas vezes, só se prestam para sermos vítimas de nossas tendências não superadas.

Ser firme não significa ser autoritário, ao contrário. A firmeza é demonstrada pelo carinho com que entendemos nossos filhos que ainda não conseguem ser tudo o que serão no futuro. Esse carinho, o aconselhamento e a colheita dos seus atos serão marcos importantes para que, quando acordem, sigam o caminho do bem.

Criar condições para que os nossos filhos sejam honestos é nossa responsabilidade, e só criaremos essas condições sendo honestos em todos os sentidos, inclusive conosco, nos conhecendo e reconhecendo nossas falhas e buscando a melhora em todos os momentos.

Compromisso

Significado: s.m. Ato pelo qual litigantes se sujeitam a acatar a decisão de um terceiro: preferir um compromisso a um processo.

Em última análise, temos compromisso com todo o universo, pois ele é solidário. Como diz o poeta: "não tocas um único grão de areia sem que tenhas tocado uma estrela". Sendo o universo solidário, estamos comprometidos com todo ele, em conservá-lo e mantê-lo em condições de continuar sendo obra de Deus, assim como nós.

Além disso, temos compromisso com o nosso planeta, por lógica simples. Faz parte do universo e, mais, é a nossa casa planetária. Devemos cuidar de nossa casa planetária tão bem quanto cuidamos da casa que habitamos nesta encarnação.

Temos compromisso, também, com o país que nos acolhe desta vez, pelo mesmo motivo: tudo está interligado e devemos trabalhar para que o país cresça em amor e bondade sempre, sem esquecer a parte econômica e social.

Já que temos compromisso com nosso país, esse compromisso se estende para a nossa cidade, pois é aqui que vivemos e temos as oportunidades que fazem a nossa vida caminhar.

Na cidade temos compromisso com o nosso bairro e, por associação, com os nossos vizinhos, pois eles são os que escolhemos para passarmos esta encarnação aprendendo e convivendo. Lembremo-nos que os vizinhos são, em geral, os primeiros a nos ajudar em qualquer eventualidade, pois estão mais próximos que muitos familiares.

Por falar em familiares, temos compromissos com eles também. Compromissos sérios, assumidos antes da reencarnação, compromissos estudados meticulosamente para que possam chegar a bom termo. São os desafetos que nos visitam outra vez, agora vestidos como filhos e filhas. É claro que nem só de desafetos vive uma família, temos os afetos que se juntam a nós para nos oferecer a sustentação necessária para harmonizar e superar desavenças de outros tempos.

Isso tudo é compromisso, mas não podemos esquecer que o maior compromisso que temos é conosco.

Só nós conseguiremos efetivar as mudanças programadas para esta encarnação, só nós podemos transformar os defeitos que ainda temos em chances de virtude, só nós podemos fazer o trabalho do escultor que vai tirando de dentro do mármore a escultura divina que já lá está.

Somos a única pessoa que conseguiremos mudar em todo o universo. Temos que nos colocar de acordo conosco nesse sentido, para que não percamos oportunidades de aprendizado e para que não nos esqueçamos da nossa destinação final: a angelitude.

Perdão

Significado: s.m. Remição de uma falta ou ofensa. Fórmula de polidez empregada quando se perturba alguém: (peço) perdão!

Perdoar não é fácil, mas é necessário. Não conseguiremos avançar deixando para trás o trabalho por fazer, o inimigo a nos espreitar, o desamigo nos olhando e perguntando quando será a nova oportunidade de nos harmonizar. Por que não aproveitamos as oportunidades que nos oferecem todos os dias para buscarmos o entendimento?

Perdoar é, basicamente, deixar os ressentimentos e mágoas de lado. É simples assim... Na teoria, porque na prática a dificuldade parece caminhar em progressão geométrica

(PG), e a nossa vontade de perdoar caminha em progressão aritmética (PA).

Esse descompasso faz com que nós percamos as oportunidades que a vida nos oferece e deixemos para depois coisas que poderíamos resolver já.

Deixar ressentimentos de lado é viver melhor, pois, cada vez que lembramos o fato que nos magoou, sentimos as mesmas sensações, temos as mesmas lembranças, nos deixamos fixar no passado e, consequentemente, vivemos o momento passado no presente. Perdemos tempo e saúde. Nossa mente fica perdida em tempos idos, e nada mais parece ter sentido, a não ser o "curtir" a mágoa.

Para facilitar o perdão, particularmente em família, em que nos vemos diariamente, é necessário entendermos o que somos.

Por incrível que pareça, ainda temos muita dificuldade em entender que somos espíritos. Individualidades. Trajetórias diferentes. Histórias diferentes. Ações e reações diferentes diante das experiências. Isso nos faz completamente diferentes uns dos outros.

Entender isso é fundamental para compreender o outro como ele é: com limitações, defeitos e virtudes, como nós.

Entendendo as limitações de cada um, conseguiremos trabalhar melhor o perdão, veremos que cada um de nós, em situação semelhante, seria capaz de fazer exatamente a mesma coisa que o outro nos fez... Ou pior.

Particularmente dentro do lar é necessário que resolvamos as diferenças, pois, como sabemos, encontramos amigos e desamigos de outras épocas, e é necessário que coloquemos tudo de maneira clara, para que saibam exatamente os nossos limites. Quando expomos os nossos limites claramente, as coisas ficam mais visíveis, e a possibilidade de que ultrapassem esses limites diminui, fazendo com que os conflitos também diminuam.

Além de colocar os limites de maneira clara, é importante usarmos de compreensão, pois, queiramos ou não, vez por outra teremos esses limites ultrapassados, e é importante entendermos que as pessoas não estão iguais todos os dias, que os acontecimentos do dia a dia podem fazer com que os ânimos se exaltem e o entendimento diminua.

Fazer com que as diferenças de pensamento sejam minimizadas é o ideal em todas as circunstâncias, pois, como somos espíritos, vez por outra, nossas ideias se chocarão. Quando isso acontecer, é preciso estabelecer o consenso, ou seja, encontrarmos a solução em conjunto, o que ocorre com a presença do diálogo. Quando o diálogo não existe, não existe consenso, passa a existir o vazio de ideias e a ruptura.

A ideia que normalmente temos é o esquecimento das ofensas, mas esquecer nem sempre é o melhor caminho, principalmente porque não esquecemos com facilidade, ficamos remoendo as coisas e trazendo-as para o presente.

O ideal é nos conscientizarmos de que somos tão falíveis quanto os que estão conosco e, por isso, erramos tanto ou mais que os nossos desafetos.

A conscientização desse fato é questão de exercício, como tudo na vida. Exercitemos dia após dia desculpar as pequenas faltas cometidas contra nós. São gestos pequenos que nos possibilitarão o perdão em tempos futuros.

Pequenas coisas acontecem diariamente, dentro e fora de nosso lar. São as pequenas desarmonias provocadas, muitas vezes, pelo mau humor dos nossos parentes, pela falta de educação que, muitas vezes, nos faz responder em tons mais exaltados que o necessário. Pequenas desconfianças em relação ao parceiro ou parceira.

Devemos contar com o nosso maior amigo em relação a isso: o tempo. É o tempo que nos ensina a viver cada vez melhor, pois é ele que nos amadurece, desde que compreendamos as lições que ele nos propõe.

O amadurecimento nos faz compreender que errar é humano e perdoar também. Quando entendemos isso, deixamos de terceirizar para Deus uma tarefa que é nossa: perdoar nossos inimigos.

Isso é questão de trabalho para criarmos condições melhores para efetivar o perdão: buscar dissipar os ressentimentos, deixar de lado a amargura e, finalmente, arrancar de nossos corações o rancor, causa de tantos problemas emocionais e físicos, pois, como sabemos, o corpo reflete o nosso estado de alma, fazendo surgir doenças que se tornam verdadeiros tormentos em nossa vida, simplesmente porque não conseguimos compreender o próximo em sua dimensão exata, a nossa, pois somos todos iguais na paternidade de amor oferecida por Deus.

Conclusão

Tudo o que lemos não é novidade nenhuma, estamos cansados de ouvir e ler sempre as mesmas coisas, em diversas épocas de nossa vida.

Há vinte séculos Jesus nos disse tudo o que deveríamos fazer para encontrarmos a tal felicidade e o equilíbrio em nossas relações familiares.

Paulo de Tarso nos ofereceu, detalhadamente, todas as atitudes que devemos tomar para realizar o amor dentro de nós.

O que isso quer dizer?

Quer dizer que a realização do amor e consequente melhora dos nossos relacionamentos não é algo fácil de conseguir. É necessário que a vontade de aperfeiçoar parta de nós mesmos, pois não precisamos esperar o outro melhorar para tomar uma atitude. Quer dizer, também, que a única pessoa que conseguiremos mudar em todo o universo somos nós mesmos.

Nada se modifica de uma hora para outra, pois milagres não existem, e os desafetos muitas vezes nos negam a oportunidade pelos mesmos motivos que não os perdoamos: não conseguem entender que nós também somos seres com histórias diferentes e pedem hoje o que ainda não conseguimos oferecer.

Aproveitar o tempo para melhorar é tudo o que temos a fazer. Para isso, temos reencarnações e reencarnações para o aprendizado, mas é interessante notar que o tempo não dá trégua, lição não aprendida é tempo perdido, e o Universo caminha sem parar dentro do planejamento de Deus.

Isso quer dizer que, brevemente, estaremos em outra situação planetária: mundo de regeneração, e aqueles que não ser adaptarem às condições exigidas para esse tipo mundo terão perdido uma chance maravilhosa e terão que reencarnar em outro mundo de expiação e provas.

Tentar sempre é a nossa chance de exercitar a perseverança e garantir o sucesso na empreitada espiritual maior que nós temos: a transformação do princípio inteligente, que já fomos, em espírito puro, nossa destinação final.

A família serve de alavanca para que tenhamos melhores ações em nossos relacionamentos, para que conquistemos degraus mais elevados na escala evolutiva, pois é melhor caminhar juntos do que separados.

A caminhada solitária não nos oferece o exercício e oportunidades indispensáveis para o crescimento intelectual e moral que devemos conquistar.

As duas asas da evolução passam, necessariamente, pela família, a princípio em plano menor, o pequeno núcleo familiar que nos abriga, posteriormente o plano maior, a grande família universal da qual nos fala Jesus.

Emmanuel, pela psicografia de Chico Xavier, nos manda um recado de fácil compreensão, mas de difícil execução.

Fazer com que essas palavras se transformem em ação em nossas vidas é parte do trabalho que viemos realizar neste planeta:

"As Leis do Universo esperar-nos-ão pelos milênios afora, mas terminarão por se inscreverem, a caracteres de luz, em nossas próprias consciências. E essas Leis determinam que amemos os outros qual nos amamos. Para que não sejamos mutilados psíquicos, urge não mutilar o próximo. Em matéria de afetividade, no curso dos séculos, vezes inúmeras disparamos na direção do narcisismo e, estirados na volúpia do prazer estéril, espezinhamos sentimentos alheios, impelindo criaturas estimáveis e nobres a processos de angústia e criminalidade, depois de prendê-las a nós mesmos com o vínculo de promessas brilhantes, das quais nos descartamos em movimentação imponderada. Toda vez que determinada pessoa convide outra à comunhão sexual ou aceita de alguém um apelo neste sentido, em bases de afinidade e confiança, estabelece-se entre ambas um circuito de forças, pelo qual a dupla se alimenta psiquicamente de energias espirituais, em regime de reciprocidade. Quando um dos parceiros foge ao compromisso assumido, sem razão justa, lesa o outro na sustentação do equilíbrio emotivo, seja qual for o campo de circunstâncias em que esse compromisso venha a ser efetuado".

Grande abraço!

Referências bibliográficas

BÍBLIA SAGRADA: NOVA VERSÃO INTERNACIONAL. Sociedade Bíblica Internacional. 2000.

HERNANDES, Paula. *Altas Habilidades*: desafio para pais e educadores. Disponível em: [http://www.methodus.com.br/artigo/541/altas-habilidades-desafio-para-pais-e-educadores.html]

KARDEC, Allan. *O Evangelho Segundo o Espiritismo.* São Paulo: Petit Editora, 1997.

_____. *O Livro dos Espíritos.* São Paulo: Petit Editora, 1999.

XAVIER, Francisco Cândido. Pelo Espírito André Luiz.

Entreo Céu e a Terra. 14. ed. Rio de Janeiro: FEB, 1992.

_____. *Vida e Sexo.* Pelo Espírito Emmanuel. 24. ed. Rio de

Janeiro: FEB, 2003.

_____. *Missionários da Luz*. Pelo Espírito André Luiz. 39. ed. Rio de Janeiro: FEB, 2004.

_____. *Nosso Lar*. Pelo Espírito André Luiz. 56. ed. Rio de Janeiro: FEB, 2006.